ファイブ
アイズ
English

塩貝香織

IBCパブリッシング

著者の公式LINEアカウントに友だち追加していただくと、本文中の ◼)) の
ついた箇所の音声をお聞きいただけます。
音声をご希望の方は、右のQRコードより登録をお願いいたします。

装　　幀 = 斉藤 啓（ブッダプロダクションズ）
編集協力 = English-i
イラスト = テッド高橋(p.96)

はじめに

　みなさん、はじめまして。英語コーチの塩貝香織です。

　私は、英語圏主要5か国（アメリカ・カナダ・イギリス・オーストラリア・ニュージーランド）に合計10年間住んできました。この5か国は、「ファイブアイズ」と呼ばれることがあります。これは、UKUSA協定に基づく機密情報共有の枠組みを締結した国々の呼称です。私が住んだ英語圏の国がちょうどこの「ファイブアイズ」と同じだったので、この英語圏主要5か国のことを「ファイブアイズの国々」と勝手に呼んでいます。

　このファイブアイズの国々に住んでいる間、私は、アップルやトヨタ、AIGなどのグローバル企業で働いてきました。日本帰国後もアメリカのブランドを日本に展開するビジネスに立ち上げから携わったり、社長秘書として海外出張に同行して通訳をしたりなど、常に英語を使った仕事に従事してきました。TOEICは満点（990点）を取得しています。

　ロールモデルはアメリカのAIGとアップル・オーストラリアで働いていた時の上司です。両方とも女性で、二人とも仕事ができるだけでなく、女性としての気遣いや優しさに溢れる憧れの上司でした。いつしか私も二人のように素敵な女性になりたい、という目標を持つようになりました。

　そのお陰で、日本帰国後も周囲からは、役職や国籍等関係なくどんな人とでもうまくコミュニケーションが取れると評価され、社長秘書をしながら培った気遣いも、ありがたい事に大変評価をいただいています。

　こうした経験を活かして、2020年に長年続けた会社員を卒業

し、英語力やTOEICのスコアを上げたいと考える人に向けて、英語を教えるためのオンラインスクールをスタートさせました。そして同年に、株式会社ファイブアイズ・イングリッシュを立ち上げたのです。

最近では、世界企業とのパイプを作ったことをきっかけに、語学力アップのみならず英語力を身につけた後の転職やキャリアアップまで、幅広くサポートを行っています。受講生は、北は北海道から南は広島まで、さらに国外のアジアやヨーロッパにもいます。

また、2021年東京オリンピックでは、ホストタウン事業において、各国オリンピック委員会・国内の各地方自治体・内閣官房と連携し、ホストタウン事業契約締結から、大会前後の交流までのコーディネーションや翻訳・通訳を担当しています。

その他にも、厚生労働省や海外企業から翻訳依頼を受けるなど、英語を教えるだけでなく、常に英語を使った仕事に携わり、実務経験も常にアップデートし続けています。

このように、今でこそ国際的な人生を歩んでいるように見えるかもしれない私も、実は昔は人見知りで、海外とは無縁の生活を送っていました。

読者のみなさんの多くもそうだと思いますが、私が英語を学校できちんと学んだのは中学校1年生からです。「初めて学ぶ外国語」ということで、中学校に上がる時はとてもドキドキしたのを覚えています。小学生の時は、英語を一足早く学んでいる近所の中学生のお姉さんに憧れ、普段自分が書く事のない文字を書いて宿題をしているノートを横から覗きながら、数歳しか変わらないのに、その時だけはずっと年上の大人のように感じていました。そして中学生になって実際に英語の教科書を受け取った時のドキドキ感は、今でも忘れられません。アルファベットが並んでいる教科書を眺

めては、なぜか大人の仲間入りを果たした気分になったのでした。

　ところが、楽しみで憧れさえ抱いていた英語を実際に学び始めて、すぐに壁にぶつかりました。あんなにかっこよくて早くきちんと学びたいと思っていた英語が、さっぱり理解できないのです。単語も頭に入らない。どうやって覚えたらいいかもわからない。そして、どうしてもふりがなのカタカナを頼りに読んでしまって、アルファベットの文字が頭に残らない。「英語って難しい…」と愕然としました。私以外にもこのような思いをした人は多いのではないでしょうか。中学校1年生でこう感じてしまい、この後の中学校3年間、そして高校での3年間がお先真っ暗に思えました。

　そんな英語学習のスタートを切った私でしたが、英語上達へのモチベーションを維持することができたのは、ある理由があります。空港のすぐ近くに住んでいたので、家の窓から当たり前のように飛行機を見ることができたのです。ピークの時には2〜3分おきにゴーッと飛行機のものすごいエンジン音が聞こえてきます。中学生の頃はまだ一度も海外に行ったことがなく、漠然と海外に対する憧れ、外国人に対する憧れがありました。週末に時間ができると、両親に空港に連れて行ってもらったり、地元の人しか知らない飛行機の離着陸が頭のすぐ上で見られる穴場スポットに連れて行ってもらったりして、飛行機を見ながら飛行機が飛んでいく先の海外に想いを馳せていました。

　ちょうど「スチュワーデス物語」というドラマが流行っていたこともあって、その頃の女の子が将来なりたい職業人気ナンバーワンはスチュワーデスでした。現代で言うところのキャビンアテンダント（CA）です。私も例外ではなく、将来は国際線のスチュワーデスになっていろんな国に行くのが夢でした。CAの専門雑誌があるのですが、これは空港の中にある本屋さんにしか売っていなくて、毎

月家から自転車を走らせては空港に行ってCAの専門雑誌を買っては、「いつか私も、知的で容姿端麗で語学堪能なスチュワーデスになるんだ」と妄想しながら、端から端まで読んでいたものです。

　国際線のCAになるには英語は避けて通れません。絶対に、絶対に習得しなければならないのです。高校生になって卒業後の進路を決めないといけなくなった頃、私は英語への想いを断ち切れず、親に「留学したい」と相談しました。日本の外国語大学への進学も考えましたが、海外に飛び込むのが一番英語習得の近道だと思ったのです。

　特に英語の成績がめちゃくちゃ良かった訳でもなく、でも相変わらず英語に対する憧れはあり大好きでした。そんな理由で親が留学を許してくれるのかどうかまったく検討はつきませんでしたが、私の心配とは裏腹に「行きたいなら行ってきなさい」というのが両親の答えでした。あまりにも簡単に留学を許してくれたので拍子抜けするほどでしたが、本当にありがたいことでした。

　当時の私の周りでは、海外留学はまだそんなにメジャーなものではなく、特に高校を卒業してすぐに海外に行く人は私の高校では他にいませんでした。周りの同級生からは「勇気があるね」「私にはできない」と口々に言われました。周りの大人は「よくご両親が許したね」と会う人会う人が言ってくるのです。しかし、私自身、やりたくてやっていることなので怖さもまったくなかったですし、今まで親からも余り心配されたことがなかったので、「そんなにたいしたことじゃないのに」としか思っていませんでした。

　でも大人になった今はひしひしと感じます。あの時両親が私のことを心配して留学を許してくれていなかったら、今の私はありません。海外でたくさんのいろんな国の友達を作ることも、海外の文化に触れることも、英語を話せるようになることも、その後「勉強す

るだけではなく英語で仕事をしてみたい！」と思うことも、海外で働くためにまずは貯金をしなくては、と本職の他に二足の草鞋を履いて平日に加えて土日祝も働いて今度は自力で海外に出ようと思うこともなかったと思います。何もかもが、あの時あの年齢で、私を海外にいい意味で放り投げてくれた両親のおかげなのです。

　同じ時期に日本から留学に来ていたクラスメイトの中にはホームシックにかかって毎日泣いている人もいました。私よりずっと年上の人たちです。自分で留学したいと決めて来たのに、いざ海外に来ると怖くなったり不安になったりするようでした。私にはまったくその気持ちがわかりませんでした。

　そういった人たちに共通していたのは、日本の家族の心配です。みんなしょっちゅう電話で話をしていました。当時はインターネットも主流ではなかったので、日本と連絡を取る手段としては国際電話かFAXしかありませんでした。私はというと、国際電話は高いので、毎月その月に使ったお金を家計簿に書いて、家計簿の隅にその月の行動を書いたものをFAXで実家に送っていました。それくらいしか連絡をしていなかったのです。

　今思えば、高校卒業したてのまだ10代の私を過度に心配することなく、海外に知り合いもいないのに全面的に私を信用して、やりたいようにやらせてくれた両親には本当に感謝しています。そのおかげで、何事も自分でリサーチをしていろんな人から話を聞いて、進んで行く方向を自分で判断して進めていくという実行力と行動力が身につきました。これは語学力以外に私が海外生活で身につけたかけがえのない宝です。

　多くの人は、漠然と「英語を話せるようになりたい」と言います。しかし、いざ外国人を目の前にすると、積極的に英語を話そうとはしません。話せるようになりたいのに話す練習をしないで

す。特に、周りに同じ日本人がいる場合に、話すことを躊躇してしまう傾向があります。海外であっても同じです。そのような日本人は海外にもたくさんいました。

　このように、周りに同じ日本人がいると英語を話すのを躊躇してしまう、と聞くと「確かに、その気持ちはわかる」と思う人も多いかも知れません。日本人の多くは、「英語を話せるようになりたい」という気持ちの前に「周りからどう見られているか」という概念に囚われすぎてしまい、自ら英語を上達させる機会を知らず知らずのうちに手放してしまっているのです。また、周りからどう見られているかを気にするあまり、英語を話す場面を手に入れたとしても、ネイティブ発音のマネをして英語を話すことに対して「かっこつけている」と思われやしないかと、わざとジャパニーズイングリッシュのまま英会話の練習をしてしまう日本人も少なくありません。

　当然のことながら、このようなことを繰り返していれば、英語が話せるようになる日は一生来ることはなく、夢のまた夢となってしまいます。

　なぜ日本人は、このような罠にハマってしまっているのでしょうか？　それは義務教育で教わった英語の勉強の仕方が大きな要因だといえます。

　日本の学校教育では、「英語が話せるようになる学習」ではなく「英語の試験でよい成績を取るための学習」に重きが置かれていました。英語らしい発音や流暢さを訓練する機会はまずありませんでした。

　これでは、「英語を話せるようになりたい」と願ったところで、長年学校で英語教育を受けたにもかかわらず、まったく英語が話せないというのも無理もありません。なぜなら、英語は本来、テス

トでよい成績を取るために勉強するものではなく、外国人とコミュニケーションを取るためのスキルだからです。

　ここで、赤ちゃんが言葉を習得する過程を考えてみましょう。赤ちゃんが言葉を習得する際に、お父さんお母さんは文字から教えるのではなく、まずひたすら話しかけます。赤ちゃんはその言葉をじーっと聞いています。最初は自分ではうまく発音ができません。見よう見まねで発音してみても、はっきりとうまく発音する事ができません。それでも赤ちゃんのレベルに合わせて、お父さんお母さんは話しかけて、ほほえみかけます。うまくできなくても、いつも赤ちゃんのレベルに合わせて話しかけるのです。

　私たち大人も、新しい言語を一から習得する際、本来、このようなプロセスで学ぶべきでした。

　学校という場所では、教えたことの習得レベルを測るために試験が実施され、そしてその試験でよい成績を収めるために、英語教育の内容も変わっていってしまいました。**言語は知識だけあれば使いこなせるようになるものではないにもかかわらず、**学生全員の成績を数値として表すには、そういった方法にならざるを得なかったのです。

　もちろん、学校によってはネイティブ講師が英会話の授業を担当するという学校もあるかもしれません。しかし、1対数十人ではとうていコミュニケーションの練習と呼ぶには程遠く、仮に学生同士がグループに分かれて練習をしたところで、先ほど述べたとおり「かっこつけている」と思われやしないかと、わざとジャパニーズイングリッシュのまま英会話の練習をしてしまったりします。生きた英語を身につけるどころか、ジャパニーズイングリッシュに磨きをかけることになるのです。

　多くの人は、コツコツ英語を勉強しているにもかかわらず、「一

向に伸びている気がしない」「自分には英語を話すセンスがない」「向いていない」と思い込み、アウトプットする機会にも腰がひけてしまい英語からどんどん離れていってしまいます。結果、自信を無くし、英語を話せるようになりたいという夢を諦めてしまうという羽目に……。

　これでは、どんなに頑張っても、積み重ねた努力は水の泡になるだけで夢を実現することはできないわけです。日本人は今こそ学校教育の呪縛から解き放たれなければなりません。そうしないと今後何年同じ方法で英語を勉強したところで、「英語が話せない」から抜け出せる日は来ないでしょう。

　それには赤ちゃんが初めて言葉を習得していくように学ぶのが一番です。大人になってもです。

　まずは耳から習得し、そして次第に自分の口でも出せるようになり、次に読めるようになって書けるようになります。習得する順番でいうとこんなイメージです。言葉を習得する正しいプロセスを踏んでいくと、英語でのコミュニケーションが次第にできるようになっていきます。

　では具体的にどのようにすれば、**英語を話せるようになるのか？　それは、今までの勉強法を捨てて「英語に英語のまま触れる」**ことです。

　海外では、英語のみならず、子どもの頃から複数言語を話す事ができるというマルチリンガル教育が盛んです。「**英語を」勉強するのではなく、「英語で」勉強している**ので自然に英語が身につくのです。こういった教育を当たり前のように幼稚園から行っている国もあります。

　ではなぜ、日本はこのようなマルチリンガル教育をせず、海外では盛んなのでしょうか？　それは、日本には「英語で」教育できる

先生がまだまだ少ないということが理由にあります。このように考えると、今の日本は、世界の先進国と比べても残念ながら「出遅れ組」となってしまっています。

しかし、変わらざるを得ない状況が、私たち日本人に襲いかかりつつあります。一昔前までは、日本は人口のほとんどが日本人だったので外国語を意識して生活することはありませんでした。ですが、**2030年には6千万人の外国人が日本を訪れると予測されていて、これは日本の人口の1/3が外国人になるという計算になります。そして、その比率は都心部ではさらに高くなります。**

これだけ見ると、英語を話す機会が増えて「語学学習環境としてはよいこと」のように見えますが、裏を返すと外国人が増えるということは、「私たち日本人の仕事が奪われる」という事でもあります。

その証拠に、一昔前までコンビニエンスストアや飲食店の従業員に外国人を見ることはほとんどありませんでした。しかし、今は逆に外国人が働いていないお店を探すことの方が難しくなっています。

このように考えると、両手を広げて**「外国人の来日増加、万歳！」と言える人がどれだけいるでしょうか？** 英語を話せない日本人にとっては、想像するだけでも恐ろしいことです。でも、そんな中で私たちの生活を強力に支えてくれるのが、今回お話しする「ファイブアイズ・イングリッシュ」なのです。

さあ、心の準備はいいですか？　今こそ、新たな扉の幕開けです。

令和3年7月　　　　　　　　　　　　　　　　　　　　塩貝香織

目次

序章

なぜ日本人は、
英語が話せないのか？

1. カタカナが邪魔をする日本人英語

　実は、多くの人が気づいていないのですが、日本人は英語のボキャブラリーをすでにたくさん持っています。日本語には多くの外来語がそのままの形で取り入れられているからです。私たち日本人は、他の言語にはあまり見られない、3つの表記を使って文字や文章を表現します。「ひらがな」「カタカナ」「漢字」です。その中の「カタカナ」の役割の一つは、まさしく「外来語を表す」ということです。

　英語から日本語となってカタカナ表記になっている単語は本当にたくさんあります。

アナウンサー・インターネット・エアコン・エネルギー・エレベーター・ガソリン・カメラ・クレジットカード・サービス・タクシー・ダウンロード・テレビ・トラック・バス・プール・プリン・ヘリコプター・ホテル・マスク・マニュアル・ミシン・レストラン……

　あげればキリがないですが、私たちの日常生活の中だけでもこれだけ英語由来のカタカナ語を使用しています。そして、これらの単語には相当する日本語がないものも多くあります。

　日本語の中に存在するカタカナ語は約5,000語〜10,000語あると言われています。**単純計算すると、それだけでもう私たち日本人は約5,000語〜10,000個の英単語をすでに身につけて使いこなしている**、ということになります。このような単語

は頑張って覚えなくてもいいので、それだけでラッキーだといえます。

　しかし、この「カタカナ英語」が皮肉にも私たち日本人の英語力向上を邪魔している、ともいえます。なぜなら、英単語の音をどれだけ忠実にカタカナで表記しようとしても、限界があるからです。

　そうとも知らずにカタカナ英語でもそれっぽく発音すると通じると思っている日本人がとても多くいます。例えば、「コーヒー」という単語がありますが、これはもともと日本語にあった単語ではなく英語から日本語になったカタカナ英語です。なので、そのまま英語っぽく発音すれば通じると思ってしまいがちですがそう簡単にはいきません。例えば外国のレストランで、ドリンクを頼もうと思ったときに、カタカナ英語の発音のまま「コーヒー・プリーズ」と言っても、なかなかコーヒーは出てきません。「そんなはずはないだろう」と思うかもしれませんが、実際に海外に行って話してみればわかります。そして何度言っても通じないので、結局「ティー・プリーズ」と通じる単語で妥協したこともある方もいらっしゃるのではないかと思います。

　このように、カタカナ語に慣れすぎると私たちの英語発音にまで影響を及ぼすことが多々あります。例えば私が留学していた時に、こんなことがありました。

　留学したてだった頃の私は、スターバックスでドリンクを注文することにとても憧れていました。特に自分の好きなものにカスタマイズして注文することにカッコ良さを感じていて、自分も現地の常連客のように慣れた感じでオーダーしてみたいなと思っていたのです。反面、ちゃんと通じるかという怖さもあ

り、いつもなかなか自分が注文したいものを頼めずにいました。

　一番注文したいものは、「バニラシロップ追加、ドライめに仕上げた」ラテです。この中でも「バニラシロップ」が曲者でなかなか発音が通じません。何度試しても、1回で通じた試しがありませんでした。日本語では「バニラ」を発音する際に、まず「バ」はBaと発音します。そしてアクセントは「バ」の上に置かれます。でも、英語は「ヴァニラ」と最初をVaと発音し、またアクセントは「二」の上にきます。こんな感じです。

　日本語「バニラ」banira
　英語「ヴァニラ」vanilla

　この「バニラ」が本当に通じなくて、3回発音して通じない時は諦めて「ヘーゼルナッツシロップ」に変えて注文していたくらいです。

　でもある時、友達の一言を聞いて衝撃が走りました。それは、「バニラは「ヴァニラ」と「二」を強く発音するのだから、直前の「ヴァ」はほとんど聞こえないくらいでもいいんじゃないの？」という言葉です。なるほど！　なんなら「ニラ」だけで通じるかもしれないと思い、早速実際にスターバックスに行って試してみたいと思い、意気揚々とその足で行ってきました。

　スターバックスに着いて、さっきのアイデアどおり発音してみました。そしたらなんと一発で通じたんです！「バニラ」の「バ」はほとんど言っていません。ほぼ「ニラ」です。「バニラ」は英語では「ニラ」で通じるんだという発見と喜びにしばらく浸りました。

やっぱり私たち日本人はどうしてもカタカナ英語がどっぷり体に染み込んでしまっているので、無意識的にそれが私たちの英語の上達を邪魔しているんだな、と改めて気づかされた経験でした。

　ファイブアイズの5か国に住んだ今は、バニラの発音もちゃんとできるようになりました。今は「ニラ」ではなく(笑)、vanillaとちゃんと発音していますし、バニラをちゃんと発音できていない日本人の英語を聞くと、カタカナ英語って本当に私たち日本人の英語に強く影響を与えているのだと感じます。

　日本語と英語は発音がそもそもまったく異なる言語です。それを強引にカタカナの発音に当てはめているだけなので、カタカナ語を無意識に日常生活で使ってしまっている私たちにとっては、そこが逆に足かせとなってしまいます。長年使ってきたカタカナ単語を今さら別の発音で発音しろと言われても、すぐにできないのは無理もありません。

　とは言え、「カタカナ英語」のままでは通じないのも事実です。英語は日本語と違い、最後が母音で終わる単語がほとんどありません。それに反して、日本語はほとんどの単語が母音で終わります。カタカナ英語もしかりです。カタカナは「ン」以外は全て「子音＋母音」の組み合わせなので、カタカナ英語のまま発音してしまうと、話している相手から英語だと認識してもらえずに「？？？」となってしまうのです。

　日本人は今まで日本人以外の民族と接する機会がほとんどありませんでした。なので、日本語以外にどんな言語があって、どんな発音で話されているのかをほとんど聞くこともなければ知ることもありませんでした。なので、基準が全て「日本」「日本

語」「自分」になってしまっている人が多いのです。それ以外が「非常識」とすら思っていたりします。

　でも実際に、**日本人が海外に出ると一番最初に面食らうのが「今まで常識だと思っていたことは、世界的に見たら非常識だった」という事実**です。これは言葉もしかりです。日本人以外の非英語ネイティブが英語を流暢に話しているのに対し、日本人は英語を流暢に話す人の割合が他国に比べて低いです。これは、日本人が長年培った「カタカナ英語」の呪縛からなかなか解き放たれずに、ずっと引きずられてしまっているからだと言えます。

2. 間違うことを怖れる失敗への恐怖

　日本の学校教育は「減点方式」で評価されます。100点という点数が満点として与えられていて、そこから間違えれば間違えただけ点数が減っていきます。なので、「できるだけ間違えたくない」という思いを抱えながら勉強をして試験に臨みます。先生も「これは試験に出るから覚えるように」と教えてくれたりします。これは、逆に言うと「これを覚えると点数が取れる」「間違うと点数が減る」と教えてくれているということにもなります。

　このように日常の生活で「よい点数が取れるように」「間違わないように」と意識しながら生活していると、試験や新しいことにチャレンジする時はどうしても「**間違えたくない**」「**高得点を取りたい**」、ひいては「**周りからよく見られたい**」と思うようになってしまいます。

一方、ファイブアイズの**5か国での学校教育は「加点方式」**です。ある問題に対する答えが部分的にでもあっていれば、1点、5点、あるいは10点と加点されていきます。少しでも解答内によい部分があれば「できたね！」と点数をもらえるのです。嬉しくなってモチベーションもアップします。

　日本の減点方式はというと「あ、間違えましたね。では、点数を取り上げます」と、持っている点数を容赦なく持っていかれるのです。自分が持っていたものを持っていかれるなんて、これはもう恐怖でしかありません。そして持っていかれれば持っていかれるほど自分のレベルが下がってしまったと感じセルフイメージも下がって行きます。

　なぜ、日本とファイブアイズの国々での学校教育がこうも違うのかというと、理由の一つに「**宗教による人間観**」が挙げられます。例えばアメリカは、今でこそ多様な文化や宗教が入りまじって人種のるつぼと呼ばれていますが、建国の歴史的に見ても、やはりキリスト教に基づくキリスト教文化の社会です。そして、**そのキリスト教に基づく人間観は「性悪説」**に基づいています。

　キリスト教では、「完全無欠な絶対的な神の前にあっては、人間は無に等しいものであり、また、人間は罪を犯すものである。そしてその人間が、神＝イエス・キリストを信じ、悔い改めることによって、罪を許されて生きることができる」と考えられています。だから教会には懺悔の部屋があるのです。

　一方、**日本は「性善説」に基づく人間観**が根底に流れています。ことわざで「渡る世間に鬼はなし」というものがありますが、この性善説に基づく考えを物語っています。また、日本には「穢れ」という思想があります。神道に基づくこの考え方が日

本人の心の奥底にまで及んでいます。「人間は本来穢れのない美しい魂を持った存在である。しかし、何らかの原因で、穢れがその人につけばその人の魂と存在は汚れたものになる。だから、穢れがつけばお祓いや禊ぎをして、その穢れを取り除けば、人はもとの清らかな存在となる」と考えられています。これは人間が「罪の存在である」と考えるキリスト教文化とは対極をなすものです。そうはいっても、キリスト教にも性善説的な部分があったり、逆に日本の思想にも性悪説的なものがあったりするので、必ずしもはっきり二分されているというわけではありません。

　ただ、**性悪説に基づけば、教育は加点主義**になります。もともと人間は無、つまりゼロですから、1つ知れば「1点取った」と考えるようになります。哲学者ソクラテスの「無知の知」も同じです。「自分が無知なことを知っている。だから、『自分はすべてのことを知っている』と思い上がった人間よりも、私の方が優れている」とソクラテスは言っています。言い換えると、「人間がすべてのことを知ることはできない。だから、すべてのことを知っているということは間違いである。自分はまだまだ知らないことがある。それを一つひとつ極めていくことが大切なのだ」といえます。例えば、生まれたばかりの子どもは何も知りません。だから、何か一つのことを覚えるとその分加点されて「成長した」ということになります。

　このように**キリスト教の人間観が根付いている文化では、考え方がとてもポジティブ**だといえます。間違えることすら成長だと捉えることができます。一方、穢れの思想が根底にある日本人は、穢れないために、間違えないために一生懸命です。間違えると、人間としての価値が減点されると思ってしまうため、

間違えることを極端に恐れてしまうのです。

　このように見ていくと英語圏の人たちの考え方と私たち日本人の考え方はまったく逆だということがわかります。でも、このことを知れば、私たちは「逆の考え方をすればいいんだ」という事もわかります。

　英語を話す時だけでもいいので「私たちは性悪説に基づいていて、もともと人間は無、つまりゼロだから、一つ知れば「1点取った」と考え、自分はまだまだ知らないことがあるのでそれを一つひとつ極めていくことが大切なんだ」と考え、何か一つのことを覚えたらその分が加点されて「成長した」と喜ぶようにする事です。

　英語を話す時は、「穢れないように、間違えないように」という性善説に基づく意識はどこかに置いてくるのが一番です。

3. 深層心理に潜む思考のクセ

　実は、日本人の多くが共通して持っている「思考のクセ」というものがあります。思考のクセとは、つい繰り返してしまう「考え方のパターン」のことです。例えば、

　「間違ったらバカにされるに違いない」

　「どうせ自分は何をやっても三日坊主で終わってしまう」

　「細かいことが気になってそれを徹底的に調べるまでは気がすまない」

　などなど、無意識の内に何度も繰り返してしまう「考え方のパ

ターン」のことです。こうした思考の癖は、皆何かしら持っています。特に英語に関していえば、次の3つの思考のクセを持っている人が多いように感じます。

---

① 「読み・書き」ができれば「聞く・話す」もできると思っている
② 英語は難しいものだと思っている
③ 外国人に対して心理的な距離を感じてしまう

このような思考のクセを持っていると、いくら努力をしてもこの思考のクセに邪魔されてしまって、英語がいつまで経っても話せないのです。

上の3つの考えを見て「私、当てはまってる……」と思われている人もいると思いますので、なぜ上の3つの思考のクセがあると英語を話せるようにならないのか、という理由を具体的に見ていきます。

まず①の「『読み・書き』ができれば『聞く・話す』もできると思っている」です。ほとんどの日本人は、学校ではじめて英語に触れます。いまの子どもたちは小学校でも英語を学びますが、私たちのときは簡単な文法と単語からはじまり、中学校3年間、そしてほとんどの場合さらに高校3年間と、英語を学んできました。そうして、「これが『英語』というものだ」と、多くの日本人の心や脳に刷り込まれてきたのです。

それは、「英語は難しい文法を多く知っていて、いろんな単語をたくさん知らないと話せないものだ」という、英語に対する「思い込み」です。

考えてみたらわかるのですが、私たちは日本語を話す時、「単語と文法を頭の中で組み合わせて文章を作ってから話している」訳ではありません。言い方を変えると、単語と文法を学んだから日本語を話せるようになったわけではありません。日本語は理屈で理解して話しているわけではない、ということです。

　「読む・書く」は別にして、「話す」言葉は、物心がついた頃から自然と口をついて出てきていました。「考えなくても口をついて出てくる」という状態です。

　なのに多くの日本人は、いざ英語を話したり、聞いたりする場面がきた時、それまでに一生懸命に学んできた文法と単語を総動員して、相手が言っていることを理解しようと試みます。そして、言いたいことを、パズルのように、頭の中でなんとか組み合わせて伝えようとしてしまうのです。

　このように「理屈」に頼らないというと、「小さな頃から大きくなっていく過程ではそういった方法は有効かもしれませんが、大人になってからは、もう脳ができ上がっていて遅いのではないですか」という反対意見も出てくると思います。ですが、本当にそうなのでしょうか。

　まず、語学習得に関して「臨界期」説と呼ばれるものがあります。これは、「人はある年齢（例えば、12歳）を過ぎると、新しい言語をネイティブと同じようには習得できない」とする説です。でも実は、この説はいまだに「仮説」でしかありません。実際に私の周りにも、大人になってから外国語を教科書なしに耳からだけで習得した人がいます。つまり、大人になってからでも、子どもと同じスタイルで英会話を習得することは可能だということです。

次に、②の「英語は難しいものだと思っている」という思考の
クセを見て行きます。

　日常会話レベルの英語を「話せる」ようになるには、一般的に
1,500語程度の単語を使えるとほぼ問題ないと言われています。
この1,500単語というのは、実は中学校で学ぶ単語でほとんど
カバーされているのです。そして文法も、会話が目的であれば、
そんなに複雑なものを知っている必要はありません。

　つまり、「日常会話レベルの英語を話せるようになること」が
ゴールであれば、中学生レベルの単語と文法だけで十分だと言
えます。

　ただ、高校くらいから、英語が「不必要」に難しくなって行き
ます。皆さんも実際に感じられたかもしれません。この「不必要
に」というのがポイントなのですが、日本の学校英語は、なぜ
「不必要に」難しくなっているのでしょうか。

　その理由は、「会話」ではなく「読み・書き」としての英語能
力を重視しているからです。もちろんそうせざるを得ない理由
があって、それは、数字で成績をつけて優劣をつける必要があ
るからです。「会話」を基準として公平に成績をつけるのは難し
いですからね。

　先ほどもお伝えしたとおり、「英語を日常会話レベルで話せる
ようになること」をゴールにするのであれば、本来英語をそこま
で難しくする必要はまったくないのです。もっと楽しみながら
全員が身につけていけるはずなのですが、成績をつけていかな
ければいけない学校のシステム上、どうしても「読み・書き」が
中心となってしまうので、優劣をつけるために単語や文法を複
雑にせざるを得なくなります。

そしてその結果、途中で理解できなくなってしまって大抵の人が英語を嫌いになってしまう、という訳なのです。もちろん「読み・書き」が重要ではない、ということではないのですが、読み・書きに偏ることによって英語を嫌いとか苦手になってしまうのは、もったいないな、と思います。

　私が言いたいのは、英語を話せるようになることは、本当は難しいことではない、という事です。でも、それを妨げているのが、先ほどからお伝えしている「思い込み」なのです。

　英語が話せるようになった人は、英語を「学校の教科（＝難しいもの）」と捉えるのではなく「日本語と同じ、単なる一言語なのだから、できて当たり前のもの（＝簡単なもの）」だと深層心理で思っているのです。英語は難しいという「思い込み」がない、ということです。

　次に③の「外国人に対して心理的な距離を感じてしまう」という思考のクセを見ていきます。

　まず、「外国人」に限らず他人との「心理的な距離」があるとどうなるのか考えてみましょう。人は、「心理的な距離」があると「緊張」してしまいます。この「緊張」というのは、ある種の「防衛本能」なのです。防衛本能が働いていると、脳がスムーズに動かなくなります。

　学生時代にスポーツ部だった方は経験があると思いますが、普段の練習の時は当たり前のようにできていたことが、試合などで緊張すると体がスムーズに動かなくなって、いつもの動きができなくなってしまいますよね。これと同じです。

　同じ日本人が相手でもこういったことが起こるのに、外国人が相手となれば、なおさら緊張してしまうのは当然のことです。

外国人が相手だと、文化的な背景や考え方、何もかもが違うので、相手が何をしでかすのかがまったくわからない状態になります。つまり「防衛本能」がマックスに働くことになります。そうしたら当然、緊張もマックスになって、その結果、脳がスムーズに動かなくなって、口もスムーズに動かなくなる、ということが起こります。つまり、英語がスムーズに口から出なくなるということです。

　外国人に対する「心理的な距離」は、ほぼすべての日本人に存在するといっていいと思います。なぜなら、ほとんどの人が小さな頃から周りに外国人がいない環境に育ってきたからです。「心理的な距離」があるままでは、英語を話す「知識」がある人であっても、その「知識」を「能力」として存分に発揮できなくなってしまう、ということです。

4. いまさら英語を勉強しても英語を使う環境がない

　英語を話せるようになりたいと思っている日本人はたくさんいます。でもその一方で「勉強したところで使う環境がない」と思っている人が多いのも実際のところです。

　「環境」は本来、自分で変えたり作り出したりすることが可能です。なので、今「**英語を話す環境**」がないのであれば、**変えるか作り出すしかありません**。「環境」は向こうからやって来てく

れたりはしないからです。とは言え、そうはわかっていても、多くの人はこの環境を変えたり作り出したりすることがとても難しく感じてしまい、一歩踏み出せないのです。

　例えば、いつも利用しているコンビニエンスストアに外国人のスタッフが働いていたとしても、こちらから話しかけて友達になろうとするのは何だか変だと思って躊躇してしまいますし、そもそも何と話しかけてよいかもわかりません。でも、道を歩いていて外国人から突然道を聞かれたら、かっこよく英語で答えて助けてあげたいと思っています。それくらいの英語は難なくできるようになりたい、と望んでいるのです。

　このように、日本人が「英語を話す環境がないけど自分からそれを作りに行こうとしない」のには理由があります。それは日本人特有の「遠慮してしまう」「相手に迷惑をかけてはいけないと思ってしまう」という国民性です。**この多くの日本人に共通する考え方が「環境づくり」の邪魔をしている**と言えます。

　例えば駅などで、大きなスーツケースを持った外国人がスマートフォンを見ながら左右をきょろきょろ見回しているとします。どっちに行ったらいいのかと道に迷っています。目の前に英語が使える「環境」が現れました。普段から英語を使いたいと思っていたので、絶好のチャンスです。でも、一歩踏み出して話しかけたいのに勇気が出ない。勇気を出して外国人に話しかけたとしても、英語が通じなかったら恥ずかしい。そしてそんな自分を見て周りの人から何と思われるか。そんなことが頭をぐるぐる回ってしまって、「今は時間がないし」と結論づけてその場を過ぎ去ってしまいます。そして後になって、あの時勇気を出して助けてあげられなかった自分に自己嫌悪を感じ、「あの外

国人、あの後ちゃんと目的地に行けたんだろうか。あの時やっぱり声をかけてあげていたらよかった。英語さえできれば……」としばらく凹みます。こんな経験や思いをしたことは誰しもあるのではないでしょうか。かくいう私もかつてよく同じ悔しい思いをしては自己嫌悪に陥っていました。

日本人の多くは悲観的です。特に自分に対してはその傾向が強いです。自己肯定感が低いのです。今までいろんな国の人たちと接してきましたが、**日本人ほど謙虚で自分を謙遜する民族はいない**のではないかと思います。

人の性格は聞いた言葉で作られます。これには、誰かに言われた言葉だけでなく、自分が発した言葉も含まれます。自分が発した言葉も自分で聞いているからです。頭の中で考えたり、心の中で発した発言も同様です。独り言もです。脳がしっかりと聞いています。むしろ、自分が発した言葉の方が、他人が発した言葉より何倍も何十倍も多く聞いているのです。

なので、「今さら英語を勉強しても英語を使う環境すらない」と悲観的に考えてしまうことが、そもそもその環境を作り上げています。**日本人の性格や考え方が、環境づくりの邪魔をしている**のです。こんなにも英語を話したり練習したりする機会を欲しているのに、皮肉なことです。そしてそれに気づいてさえいないのです。

でも、上に述べたように、英語を使う機会は突然目の前に現れます。そんな時に少しでも勇気を持って一歩前に踏み出せる自分でありたいですよね。そのためにはまずは根本的な考え方から変えていき、突然現れる機会のために準備をして行く事が重要になります。

想像してみてください。今までいつも不甲斐ない思いをしながら目の前を足早に通り過ぎていた、道に迷っている外国人が目の前に現れて、何も躊躇することなく気楽に英語で話しかけて、英語で道案内をしている自分の姿を。無事案内が終わってThank you so much! と満面の笑顔で言いながら立ち去る外国人に、Enjoy your time in Japan! と清々しい気持ちで手を振り見送りながら感じる達成感を。

　これも一つの環境です。こういう環境に飛び込むだけで、自信のレベルもアップしますし、次はもっと高度なことに挑戦してみたい！　という欲求も湧いてきて、どんどん英語でできることが増えていきます。そうして未来を切り開いて行くことができるのです。

5. 母音の数が圧倒的に違う

　日本語の母音は皆さんもご存じのとおり「あ」「い」「う」「え」「お」の5つです。そして日本語は母音がメインの言語であるというのはお伝えしたとおりです。ほとんどの単語が母音で終わるからです。子音で終わる単語といえば、最後が「ん」になる単語しかありません。最後が「ん」で終わる単語を考えてみると、「みかん」「おんせん」「しんかんせん」「しんぶん」など日常にもたくさんありますが、それでも「ん」以外で終わる単語に比べたら極端に少ないです。

　一方、英語はその逆で、子音で終わる単語が大多数です。な

のに、母音の数はというと、主なものだけで何と日本語の5倍以上の26個もあります。これは驚きです。具体的に示すと下記のとおりです。

〈英語の主な母音〉
・短母音　　ʌ ɑ æ ə i u e o
・長母音　　ɑ: ɑ:r i: u: ɔ: ɔ:r ə:r
・二重母音　ai au iə uə ei eə ɔi ou
・三重母音　aiə auə

　この中で日本人が認識できる発音はごくわずかです。なぜなら日本語の中に存在しない発音がほとんどだからです。
　そういった場合、人間の脳はどのように処理をするかについては、第二言語習得研究（SLA: Second Language Acquisition）により解明されています。**脳は日本語（母国語）にない発音を聞いた場合、英語（外国語）にあって日本語にない音を日本語に近い音に置き換えて解釈してしまうのです。**この現象は「マグネット効果」と呼ばれています。
　例えば、日本人がLとRを聞き分けられないのは有名な話ですが、なぜ区別がつかないかというと、LとRにぴったりと当てはまる音が日本語にはないからです。そのため、LもRも、日本語の「ラリルレロ」という発音に置き換えて解釈してしまうのです。このように、日本語の発音の回路を使って英語を発音しようとするから、英語の音が聞き取れなかったり、自分の発音が通じなかったり、ということが起こります。
　有名なテレビ番組で「空耳アワー」というコーナーがあった

のを覚えている人も多いかと思います。これはこの、「脳は日本語（母国語）にない発音を聞いた場合、英語（外国語）にあって日本語にない音を日本語に近い音に置き換えて解釈してしまう」という現象そのものをテーマにしたものでした。本来は英語なのに、日本語の発音に脳が勝手に置き換えて解釈してしまうために、あたかも日本語のように聞こえてしまうので、英語を聞いているのに別の日本語が空耳のように聞こえてくるということなのですが、思わず笑ってしまうような面白い書き換えが起こる例もたくさんあり、とても人気がありました。

　こうした空耳英語の一部を紹介したいと思います。

🔊　Ah, hold me tight.　「アホみたい」
　　 It's my tie.　　　　「いつも会いたい」
　　 Wash my car.　　　 「おしまいかー」

　どうですか？　空耳が聞こえましたか？　それぞれ順に、「ああ、強く抱きしめて」「それは私のネクタイだ」「私の車を洗って」という意味です。

　さて、発音以外に、日本人の英語習得が難しい理由として「語順が逆だから」ということがよく挙げられます。しかし、これも実際はどうなのでしょうか。日本語と文法がとてもよく似ている言語に韓国語がありますが、私が海外で出会った韓国人は、日本人より英語が流暢な人が多かったです。実は、韓国語の中にもたくさんの外来語がそのままの発音で取り入れられています。ここまでは日本語と同じ条件です。しかし、なぜ韓国人の方が英語が上手かというと、それは、韓国語には英語と同じよ

うに「子音で終わる単語がたくさんあるから」だと私は考えています。また日本語にはなく英語にある母音も、韓国語には含まれています。したがって、英語の母音や子音を認識することができるので、韓国人は日本人より英語習得が圧倒的に有利だと言えます。語順ではなく、**母国語が持っている発音によって外国語の習得レベルに差が出る**、ということの証拠になるのではないかと思います。

6. 正しく教えられる先生が少ない

　教員免許を持つ先生の中で、文法や単語を教えることはできても、発音やリズム、英会話を教えられる日本人の先生はまだまだ限られています。教職課程を終了したとしても、英語が「話せる」までにはならないからです。もちろん留学経験のある英語が堪能な若い先生も増えてきてはいますが、年配の方になればなるほど英語を流暢に話せる先生は少ないのが現状ではないかと思います。

　そんな中、学習指導要領が見直され、英語教育が2020年度から大きく変わりました。今まで小学校5年生からスタートしていた英語教育が、小学校3年生からスタートすることになりました。そして、中学校では英検準2級、高校では英検2級以上を目指した授業が展開されます。国際化が進む新時代に対応するのが狙いで、ガラパゴス化していると言われてきた日本の英語教育に本格的なメスが入りました。この英語教育改革は小学校で

は2020年、中学校では2021年、そして高校では2022年から実施されていきます。

　日本の学校英語はこれまで、社会では役に立たないと批判されることが度々ありました。そのため、この新しい学習指導要領では、小中高校すべての授業内容を大きく変え、外国人と十分なコミュニケーションを取ることができる英語能力を養うことが狙いとされています。

　ですが、この新しい学習指導要領をもとに日本の英語教育が見直されたと言っても、子どもたちの英語能力の向上にはいくつかの課題が残されています。それは「**教員の英語力不足**」です。

　例えばこんな話があります。英語が好きで得意な友達の話ですが、中学生の頃から発音の練習を一生懸命していてネイティブのようなキレイな発音ができていたそうです。ところが、英語の授業中に、ネイティブっぽく発音をしたら逆に先生にカタカナ英語に直されてしまったそうです。Helloを英語の発音っぽく「ヘロウ」と発音したら「ハロー」だと言い直されてしまい、何とも悲しい思いをしたとのことでした。

　またもう一例紹介すると、英語が堪能だった母親からhatの発音を教わった小学生が、学校でその通りに読むと、先生から怖い顔で注意されたそうです。「子どものくせにキザな発音するんじゃないの」と。そして、ジャパニーズイングリッシュの発音で「ハット」と言い直しをさせられたと言います。明治や大正ではなく、現在の話です。

　万が一ご自身の英語にコンプレックスを持っている教員であったとしても、一生懸命英語を習得しようとして精一杯勇気を

出して英語の発音を真似ている子どもには、たとえ自分より子どもの方が英語の発音がきれいであったとしても「上手だね」と褒めてその子の能力と可能性を伸ばす指導をしてもらいたいと思います。

「教員の英語力不足」に関しては、他にも例があります。文部科学省は教育振興基本計画で、中学生が英検3級以上、高校生が英検準2級以上の英語力を持つことを目標としてきましたが、2018年度の全国調査では中学校、高校ともに目標に到達した生徒は約4割にとどまりました。そしてその原因の1つとして指摘されたのが「教員の英語力不足」だったのです。

理由としては、自分が受けてきた英語教育と異なる方法で、高いレベルの指導を求められ、多くの教員が対応できないでいる、という点が挙げられています。先生によっては自分では対応ができないため、外国人の英語指導助手（ALT）に丸投げしてしまうケースもあるようです。

とはいえ、この英語教育改革はまだ始まったばかりなので、混乱がみられるのはしかたがないことです。今後私たちの次の世代の若者たちが小学校3年生から英語に触れ、中学校や高校では「英語を英語で」学ぶ環境を当たり前のように持つことにより、彼らの両親の世代、つまり私たちの世代よりは「英語を話せる」日本人が増えていくことと思います。すばらしいことですね。

ただ一方で、そうなるまでにはまだまだ時間がかかるともいえます。小学校3年生から英語教育を受けた子どもが4年制大学を卒業するまでには13年かかります。つまり新しい学習指導要領の下で英語教育を受けて自ら学校教育を体験し、そしてその経験を生かして英語を教えられる先生が育つまでに、最低でも

13年かかる、ということです。

　そして私たち成人した大人は今さら学校教育を受け直すわけにはいかないので、正しく英語を学校で教わってこなかった分の埋め合わせを自分たちでしなければなりません。過去にタイムスリップすることはできないですし、誰も責めることはできないので、**ここはもう割り切って自分でどうにかするしかない**と言えます。

7. ネイティブ先生が日本人に合わせた発音をする

　昔に比べると今は地方の学校でもネイティブの先生が学校で英語を教えてくれるケースが増えてきました。JETプログラムで日本に英語を教えに来ている外国人もたくさんいます。「JETプログラム」は「語学指導等を行う外国青年招致事業」（The Japan Exchange and Teaching Programmeの略）で、外国青年を招致して地方自治体等で任用し、外国語教育の充実と地域の国際交流の推進を図る国の事業のことです。JETプログラム参加者の90％以上が外国語指導助手（ALT：Assistant Language Teacher）として、主に学校または教育委員会に配属されます。日本人外国語担当教員の助手として外国語授業に携わり、教育教材の準備や英語研究会のような課外活動などに従事します。

　このプログラムは、特に都心部よりも地方の町や村の学校に

ネイティブを派遣するケースが多いので、もともと外国人があまり住まないような地域であっても、ネイティブの先生から英語を学ぶことができるのが利点です。子どもの頃から外国人と関われるというのはとても素晴らしいことなのですが、ただ、悲しいことに、ここにも**学校教育という名の罠が潜んでいます**。

　それは、教師の宿命でもありますが「生徒の成績をつけないといけない」ということです。どういうことかというと、先生の仕事とは、「学期ごとに生徒の成績を出してその学期の学びについて評価をする」ということであり、そのためにネイティブの先生も、日本人の生徒に対して、より英語を習得しやすくしてよい成績を残してもらえるようにいろいろと工夫します。

　例えば、どのように英語を発音するかを教える際も、よりわかりやすくするように、一音一音ゆっくりと発音します。I（アーイ）have（ハーブ）a（ア）pen（ペーン）. こんな具合です。それに合わせて生徒も、一音一音ゆっくりとていねいにマネをして発音していきます。そしてそれがよくできたら、Well done!（よくできました！）と言って、よい評価を付けてもらえます。生徒も「これでいいんだ」と安心します。

　しかし、**実際の英語はそんな一言一句を区切ってゆっくり発音することはほぼありません**。また、ネイティブの先生も日本に長く住めば住むほど、日本人が話すジャパニーズイングリッシュに慣れてきてしまい、子どもたちが日本語発音で話した英語でも聞き取れて理解できてしまうようになります。また、日本文化にも慣れ親しんでくるので、日本文化特有の固有名詞なども説明なしで理解できてしまったりします。こうなると、実際に海外で起こりうる英語でのコミュニケーションから遠ざか

ってしまう、という状況が作られていくのです。

　これでは、せっかく生の英語に触れられる機会であるにもかかわらず、英語教育が独自に日本ナイズされてしまい、これまたジャパニーズイングリッシュから抜けられないのと同じことになってしまいます。

　こう考えると、もう日本人は開き直って、どこに行ってもジャパニーズイングリッシュを突き通し、ジャパニーズイングリッシュを世界に広めた方が早いとさえ思ってしまいます。そうするしかないと思ってしまうくらい、**日本人とジャパニーズイングリッシュの関係は、どっぷりと重く深いものになっています。**ですが、その関係を断ち切らない限り、日本人が真の英語を身につけられる日は来ません。ここを乗り越えた人だけが、グローバルに通じる英語を身につけることが可能になるのです。

第1章

日本人を襲う
ジャパニーズイングリッシュ
の罠

1. カタカナ文化が根付いている

　序章でもお伝えしたとおり、日本語にはたくさんの外来語がカタカナ語として入って来ていて、日常的に使われています。外来語と言っても、もう立派な日本語の一部になっていて、カタカナ語なしでは会話が成り立たないと言っても過言ではありません。新しい外国語を聞いた場合は、頭の中ですぐにカタカナを思い浮かべます。メモを取る時も同様に、カタカナで表記します。「外国語、イコール、カタカナ」ひいては「カタカナ、イコール、英語」になり、この考えは、私たち日本人にとっては当たり前になっています。

　このように、カタカナはとても便利です。カタカナで表記するだけで外国語っぽい印象を与えますし、どのように読めばよいのかもわかります。初心者向けの外国語会話の本を見ると、必ずと言っていいほど発音がカタカナで表記されています。逆にカタカナ表記がなければ何と発音したらよいのかわからず不親切とさえ思ってしまいます。

　ただこの**便利で万能だと思えるカタカナ表記**も、限界があります。それは、日本語の発音をカタカナ表記する際、違う発音の単語も同じカタカナ表記になってしまう場合があるからです。

　序章では母音の違いについて説明しましたが、子音について言えば、例えば、thという発音は日本語にはありません。なので、お風呂のbathと乗り物のbusが両方同じ「バス」になってしまうのです。なので、私たち日本人からしたら、「『バス』には2つの意味がある」と逆方向で認識してしまいます。発音もどっち

がどっちなのか曖昧なままになってしまうことすらあります。

　そしてそれだけではありません。**カタカナ英語の弊害はまだあります。**「和製英語」なるものの登場です。これは、勝手に日本人が作り上げたものなので、ネイティブに通じる英語ではありません。

　この「**和製英語**」が一番厄介で、純粋な日本人を混乱させてしまいます。「カタカナ、イコール、英語」と認識しているので、今までずっと英語だと思って日常で普通に使っていた言葉が急に英語ではないと言われても戸惑ってしまうのです。どのカタカナ語が、「英語そのままがカタカナになっただけのもの」で、どのカタカナ語が「和製英語」なのか、私たちにはなかなか区別がつきません。和製英語は例え英語っぽく発音してみたところで通じないので、こんなことなら真新しく英単語を覚えた方がすんなり頭に定着してよっぽどよいくらいです。

　このように、日本語にはカタカナ文化が根付いてしまっているため、英語習得の過程でどうしても邪魔をしてしまいます。とは言え、カタカナが外来語を表す表記としてしっかり日本語に定着しているので、英語学習を進めるにあたりカタカナ英語を無視することは不可能といえます。なので、このハードルをうまく乗り越えていかなくてはなりません。普段から、カタカナ英語に出会ったら、「これはこのまま使っていいのかどうか」「ダメなら英語では何と言うのか」を調べる癖をつけておくようにするとよいでしょう。

ちょこっとトレーニング

カタカナ英語に惑わされないで！
ホンモノ英語はどれ？　考えてみてください。

サラリーマン	1) salary man　2) businessperson 3) workman
ノートパソコン	1) laptop computer　2) note pasocon 3) small computer
コンセント	1) outlet　2) consent　3) wall power
シュークリーム	1) chou cream　2) cream puff　3) shoe cream
ソフトクリーム	1) soft cream　2) soft ice　3) soft-serve
ホットケーキ	1) pancake　2) crepe　3) hot cake
ペットボトル	1) pet bottle　2) recycle bottle　3) plastic bottle
オーダーメード	1) order-made　2) custom-made 3) original-made
キーホルダー	1) key chain　2) key holder　3) key connector
クリーニング	1) cleaning　2) dry cleaning　3) wash cleaning
チャック	1) chuck　2) check　3) zipper
ヘッドホン	1) head phone　2) headset　3) handset
ミス	1) mistake　2) miss　3) missing

（答えは次のページで確認）

46

ちょこっとトレーニング　解答

サラリーマン	2) businessperson
ノートパソコン	1) laptop computer
コンセント	1) outlet
シュークリーム	2) cream puff
ソフトクリーム	3) soft-serve
ホットケーキ	1) pancake
ペットボトル	3) plastic bottle
オーダーメード	2) custom-made
キーホルダー	1) key chain
クリーニング	2) dry cleaning
チャック	3) zipper
ヘッドホン	2) headset
ミス	1) mistake

さて、どれだけわかったかな？

2. 学校教育の間違った教え方
（全てカタカナのふりがな）

　今は小学校でも「外国語活動」ということで、授業時間に英語に触れる時間が組み込まれています。ネイティブの英語の先生が来て英語を教えてくれます。昔は中学1年生から英語教育が始まりましたが、小学生の時から英語や外国人に触れることができるのはとてもよいことです。なぜなら、やはり外国語は触れる年齢が若ければ若いほど吸収量が多く、吸収スピードも速いですし、日本語にはない発音を聞き分けられる耳が育ち、ネイティブに近い発音も自分でできるようになりやすいからです。

　ですが、せっかく小学生の時から外国語に触れる機会が増えたにもかかわらず、今の日本の学校教育はまだ間違ったことをしてしまっているようです。事例を挙げて説明します。

　とある小学校で、「外国語活動」ということで外国人の先生が来て一緒に英語で歌を歌ったそうです。歌った歌は、We are the world。とても有名なよい曲なので、小学生のうちからこの歌を英語で歌えるようになれるのはすばらしいことです。ただ残念なのが、その歌を歌う際の歌詞の教え方がカタカナ英語だったというのです。

　歌を歌う時に黒板に英語で歌詞が書かれ、その上にカタカナでふりがなが書かれたそうです。そして子ども達はみんな、音楽に合わせてそのカタカナの文字を見ながら歌ったそうです。

　例えば、サビの部分はこんな感じです。

ウィアーザ　ワンズ　フメイカ　ブライタディ
We are the ones who make a brighter day

ソレッツ　スターギビン
So lets start giving

ゼーザ　チョイス　ウィア　メーキン
There's a choice we're making

ウィア　セービン　アロン　ライブス
We're saving our own lives

イットゥル　ウィル　メイカ　ベタディ
Its true we'll make a better day

ジャスチュアンミ
Just you and me

　ここでの救いは、いわゆるカタカナ英語ではなく、ちゃんと英語の発音に近いように表記されているところですが、それでも、わざわざカタカナのふりがなをつけずに、聞こえてくる音に近い発音を子どもたちそれぞれで思うがままに歌ってみたらいいのでは、と私なら思います。さらに付け加えるなら、カタカナの難点はイントネーションがわからないことです。いくら英語の発音に近い表記をしたとしても、日本語のように抑揚のない読み方をしてしまったら、英語のようには聞こえなくなってしまいます。

　大人になった教師には聞こえない発音が、小学生なら聞き取れることもあるかもしれません。ましてや、ネイティブの先生が目の前にいて、一緒に歌ってくれるのだから、たとえ意味がわ

からなくても、うまく発音できなくても、一緒になって楽しみ
ながら歌えばいいと思うのです。カタカナで表記してしまえば、
どうしてもカタカナを見て歌おうとしてしまいます。でも、カ
タカナがないなら、子ども達はなんとか英語に耳を傾けて、発
音を近づけて歌おうと努力するのではないでしょうか。一生懸
命耳を澄まして聞くのではないでしょうか。**そういった**経験が、
結果として外国語活動になるのではないか、と思うのです。

ちょこっとトレーニング

これは何の歌かわかるかな？　考えてみてください。
※カタカナで英語の音を表すのがいかに難しいかを知っていただ
　くためのエクササイズです。

　　トゥインコ　トゥインコ　　リールスター

　　ハゥワイ　　ワンダー　　ワッユーアー

　　アップァ　　バウダ　　ワーソハイ

　　ライカ　　ダイモン　　インダ　　スカイ

　　トゥインコ　　トゥインコ　　リールスター

　　ハゥワイ　　ワンダー　　ワッユーアー

（答えは次のページで確認）

🔊

ちょこっとトレーニング　解答

Twinkle Twinkle Little Star　キラキラ星

Twinkle, twinkle, little star

How I wonder what you are!

Up above the world so high,

Like a diamond in the sky.

Twinkle, twinkle, little star

How I wonder what you are!

さて、どれだけわかったかな？

3. 発音記号は教えるけど発音のルールは教えない

　発音記号を習った記憶はあるけど、実際にどんな記号があってどのように発音をするかを覚えている人は少ないのではないかと思います。まったく習わなかった人も中にはいるかもしれません。昔の学校でも、発音記号は特に教えない学校、教えてもほんのさわり程度にしか教えい学校の2つに分かれるようです。そして今では教えていない学校の方がむしろ多いように思います。

　英語の発音やリズム、そしてそのルールについて学ぶ学問に

「音声学」というものがあります。発音は、この音声学の知識がないと体系的に習得するのは難しく、ましてや教えることはなかなかできません。また、学校では英単語の意味やスペルを覚えるのに相当学習時間を割かないといけないので、その上に発音記号を覚えるとなると生徒の学習負担が増えて好ましくない、との認識が根底にあるようで、現在もそのような考えで発音記号を教えていない学校も多いと聞きます。また、入試問題などでも発音記号の理解がないと解けない試験が出ることはほとんどなくなりましたので、**英語教育の現場では発音記号を教えることすら軽視されているのが現状**です。

たとえラッキーなことに発音記号を教えて英語が持つ一つ一つの発音について教えてくれる学校があったとしても、実際に会話となった時に起こる発音のルールまで教えてくれる先生はほとんどいません。ここまでになるとかなり専門的になってしまい、大学などで学ぶレベルになってくるからです。

しかし、日本語を母国語とする日本人が、英語が話せない理由として挙げた**「発音の違い」を早い段階で克服しないことには「聞ける」「話せる」ようにはならず、むしろ遠回りをしていることになります**。これが学校英語のもったいないところです。

近年、「フォニックス」という単語をよく耳にするようになりました。本屋さんに行っても、フォニックスに関する書籍がたくさん並べられています。初めて聞いた方のために簡単に説明すると、フォニックスとは、一つ一つのアルファベットやスペルが実際に話された時に発声する音のことをいいます。

例えば、日本語と英語を比較してみるとわかりやすいので比較しながら説明します。日本語のひらがなの「あ」の場合は、

「あ」というひらがな自体の名前も「あ」発音も「あ」ですが、英語の「A」は、アルファベット自体の名前は「エイ」、発音は「ア」となり、名前と発音が異なります。日本語は名前と発音が一致しているので覚えやすいのですが、英語の場合は名前と発音が一致していないので、それぞれを覚えなくてはなりません。

　日本の子どもたちはひらがなを覚える時「50音図」を使って覚えますが、あれはひらがなとしてどのように書くかということと順番を覚えることがメインです。ひらがなの発音を覚える、ということはしません。なぜならひらがなの名前と発音が一致しているからです。でも、ファイブアイズの国々の子どもたちは「フォニックス」でアルファベット（スペル）と発音の関係を学校で学びます。**ネイティブの子どもたちでもわざわざ学校で英語の発音を一つ一つ教わる**のです。

　日本で働く英語ネイティブの講師に言わせると、日本で英語を学ぶ子どもたちが増えているにもかかわらず、フォニックスを教えることがまだ一般的ではない、ということが驚きのようです。なぜなら、彼らは当たり前のように学校でフォニックスを教わってきたからです。私たちも、アルファベット（スペル）と発音の間にある法則を学ぶことで、ほんとうは英語の正しい読み方を簡単にマスターすることができるはずなのに、なぜか日本の教科書にはフォニックスが説明されていません。ネイティブですら幼少期に学校で教わっていることを教えない日本の学校教育に疑問を持たれても仕方のないことだと言えます。

　ここでは、簡単なフォニックスのルールを一つだけご紹介しようと思います。その名も「サイレントE」です。サイレントEとは、「単語がeで終わる時、終わりのeは読まない、」そして

「その直前の母音はアルファベットと同じ読み方になる」という
ルールです。

　例えば最後がeで終わる単語の直前の母音がaだった場合、ア
ルファベットの読み方のように「エィ」と読みます。（ちなみに、
aは「エー」ではなく「エィ」と発音します。）なお、このルールに
は例外があって、have（「ヘイブ」ではなく「ハブ」）とare（「エイ
ア」ではなく「アー」）はこのルールが当てはまりません。

ちょこっとトレーニング

「サイレントE」のルールを考えながら、次の単語を発音してみて
ください。各語の最後のeがサイレントになってその前の母音がア
ルファベット読みになっていますか？

🔊	same	「セイム」	cake	「ケイク」
	safe	「セイフ」	take	「テイク」
	space	「スペイス」	game	「ゲイム」
	shake	「シェイク」		

4. 幼少期に英語を覚えた学校の環境
（かっこつけてると思われる、人の目が気になる）

　日本では「出る杭は打たれる」と言います。変に目立つといじめにすら遭ってしまいます。特に幼少期や思春期にかけてクラスメイトの目を気にしてしまう傾向が強いです。英語教育改革やJETプログラムでせっかく幼少期から英語に触れられる環境が用意されているにもかかわらず、周囲を気にせず存分に英語に浸れることができないのはとても残念です。

　例えば、せっかくネイティブ先生の発音をそのままマネて英語を話したいのに「**かっこつけている**」と思われやしないかと**周りの目を気にしてしまって、あえて日本語発音のまま英語を話してしまう子どもたちがいます**。これでは自ら選んでジャパニーズイングリッシュを習得しているようなものです。

　私が小学生だった時にも似たようなことがありました。2年生になって転校してきた男子児童がいたのですが、イギリスから帰国してきたばかりの子で担任の先生も「**イギリスから帰ってきた○○くん**」と紹介していました。それ以降、英語に関する話になったらいつも「○○くん、今のちょっと英語で発音してみて」と先生に言われて、英語の発音を皆の前でさせられていました。

　最初のうちはちゃんと発音していましたが、次第に先生から振られても言葉を濁すようになって、英語の発音をするのを避けるようになっていきました。転校してきたばかりで変に悪目立ちしたくないと思ったのだろうと思っていましたが、今思え

ば、もしかしてクラスメイトから後で何か言われていたのかもしれません。

　今でこそ、クラスメイトの中に外国人がいる学校も増えてはいるとは思いますが、昔は全員日本人で、かつ海外旅行の経験がある小学生や中学生はほとんどいませんでした。当時の日本の外国文化に対する理解度と子どもたちの人間としての成熟度合いを思えば、そんな中で英語ネイティブっぽい発音ができようものなら「何かっこつけて」と思われてしまっても、ある意味仕方のないことかもしれません。

　ですが、そういった幼少期を過ごした子どもが大人になっても考え方はそう変わらず、周りの目を気にしながら英語を話すままです。**むしろ大人になればなるほど、そこにプライドも加わって、周りの目を気にする気持ちは強くなるかもしれません。**

　例えば、英語を話すことに慣れている人は「英語はネイティブのように話す方がよい」ということをわかっているので英語っぽく発音することに対してまったく抵抗感はないのですが、自分に自信がなかったり、英語自体にまだあまり触れてきていない人からすると「英語っぽく発音したらかっこつけていると思われるかも」と変に気にしてしまい、日本語発音のジャパニーズイングリッシュで話してしまいます。例えば、英会話スクールに通ってグループレッスンで会話をする時や、職場でちょっと英語を話す機会があった時など、このようなことが起こります。

　小さい頃のトラウマともいえるこういった体験は、なかなか消し去るのが難しいですが、乗り越えていかないと「英語を話せるようになりたい」という夢はいつまで経っても叶わないままとなってしまいます。

5. ジャパニーズイングリッシュに 聴き慣れた日本人の耳

　このように、カタカナ発音で学び、カタカナ英語を話してきた日本人にとっては、ジャパニーズイングリッシュが一番親しみやすい英語です。慣れ親しんだものを否定して、今さら変えようとしても反発心が顔を出すだけでなく、身体もなかなか受け入れてくれません。

　英会話スクールに行き、日本人同士で英語を話せば、問題なく通じるし、相手の話している英語も理解できます。また、日本に長く住む外国人も自分の英語を聞き取ってくれて会話のキャッチボールができるので、今さらつらい思いをしてまで自分の英語を変えていかなくてもいいのではないか、とも思ってしまいます。

　ですが、海外に出ると、このジャパニーズイングリッシュが一気に通じなくなってしまう、という現実を体験することになります。そして今までの自分の考えが180度変わります。通じないし聞き取れないからです。自分が今までいかにジャパニーズイングリッシュのぬるま湯に浸っていたかを思い知らされる瞬間です。

　海外旅行ならまだよいです。「旅の恥はかき捨て」とも言いますから。ですが、仕事となると別です。大きな問題となってきます。「読み・書き」は、まだ辞書を片手に時間を掛ければそれなりに形になりますが、「聞く」「話す」はリアルタイムでテンポよ

く行わないといけないので、後追い修正ができません。なので、**仕事の場面で一番ジャパニーズイングリッシュの弊害を感じる**ことになります。

　職場で英語を使う場面の一つとして挙げられるのが「海外からかかってくる電話」です。これが一番苦手で怖いと感じている人も多いのではないでしょうか。相手の口元や表情が見えない分、音声でのコミュニケーションに集中しなければならないからです。

　ただでさえ海外からの突然の電話で焦っている状況なのに、片耳に全神経を集中させて受話器の向こうから聞こえてくる英語を、耳が痛くなるくらい受話器に力を入れて押し当てながら一生懸命聞き取る。何となく相手が言っていることがわかったと一安心したとしても、こちらが伝えたいことがとっさに出てこなかったり、また、勇気を振り絞って英語で話してみたとしても、すぐさまPardon?（何ですか？）と返ってきた日には、全身が凍りつくような感覚になります。このような経験を一度でもしてしまうと、もうトラウマとなってしまい、海外からの電話は2度と出たくない、とすら思ってしまうかもしれません。

　最近は、職場でのコミュニケーションは日本国内であってもメールが主流なので、海外の取引先から直接電話がかかってくることは緊急の時以外そうないかもしれません。ですが、代表電話に問い合わせの電話が海外から入ることもありえますし、メールで何度もやりとりをしたことのある海外の取引先であれば、ちょっと文章では説明が難しいことを質問する時などにWhatsAppなどのスマホアプリを通して音声通話で着信が入ることもありえます。

このように、音声だけに頼ったコミュニケーションを取らないといけない状況になった時に、**ジャパニーズイングリッシュが通じないということを実感する**ことになります。でも逆に、そういった経験をして嫌な思いをしたからこそ「ジャパニーズイングリッシュを脱したい！」という思いが強くなって「ネイティブ英語により近い英語を身につけたい」という熱い思いで英語学習に取り組めるようになる、ともいえます。

第 2 章

ネイティブに通じる発音を
手に入れよう

発音

1. 先生を一人に決め、口癖を徹底的に マネよう

　英会話スクールジプシーをしている人がよくいます。「スクールＡに通ってみたけど、思った成果が出なかった」と今度はスクールＢに通い、そしてしばらくしたらそこもまたダメだとスクールＣに通います。

　こういった人は英語を身につけたい思いはずっと持ち続けているので、どの英会話スクールが一番自分に合うのかを調べるために体験レッスンをいろいろ受けてみたり、各スクールの授業料やコスパを比較してみたり、実際に通った人の口コミをネットで検索してみたり、と英会話スクール探しを熱心にします。そして色々調べた結果、ここだと決めてワクワクした気持ちで入学するのですが、実際通い始めると英語力が伸びていることを実感できず、受講期間が終了する頃には「やっぱりこのスクールもダメだった」と次のスクールに移ります。そして、最後には「もう私には英語は無理かも」と言って英語習得からしばらく離れてしまう。こんなパターンの人が多いです。これはすごくもったいないことです。

　なぜこんなことになってしまうのかというと、一般的な英会話スクールは大抵先生がレッスンの都度変わります。そのためレッスンが始まるとまずは自己紹介から始まることが多いです。どこに住んでいるかや、今している仕事の話や趣味の話、行ったことのある国の話など毎回同じような会話をしてレッスン

62

の前半が終わります。その後、その日のレッスンの本題が始まるのですが、せっかくの限られたレッスン時間内で毎回同じような会話をするのはとてももったいないです。それに、毎回初対面の先生との会話でどこまで会話が弾むでしょうか。**自分のバックグラウンドを知らないだけでなく、英語の癖や苦手なことなどを把握してくれている訳ではないので、上達のためのアドバイスがどうしても浅くなってしまいます。**

　逆も同じです。生徒側からの視点で見ても、先生が毎回変わってしまうのはよくないです。特に初級者の時はそうです。

　例えば、赤ちゃんが言葉を習得する過程を思い出して欲しいのですが、赤ちゃんの頃は、お父さんお母さんが一生懸命同じ言葉を繰り返し話しかけます。そして赤ちゃんもその話しかけに一生懸命耳を傾けて、マネをしようとします。ここで重要なのがお父さんとお母さんは「同じ言葉」で話しかけている、ということです。

　例えば食事のことを赤ちゃんに話しかける時に、「食事」のことを「まんま」と言うとします。お父さんもお母さんも常に赤ちゃんには「まんま」と話しかけます。でもこの時、お父さんが「ごはん」と言ってお母さんが「まんま」と言ったとしたら、赤ちゃんは混乱して「ごはん」と「まんま」は別物なんだと認識してしまいます。なので、お父さんもお母さんも赤ちゃんには共通言語で話しかけます。

　英語でも同じことがいえます。例えば「トイレ」という単語を見てみましょう。同じ「トイレ」でも、アメリカでは「トイレ」のことを一般的にrestroomやbathroomと言いますが、カナダではwashroomと言うことが多いです。そしてイギリスではloo

と言ったりします。「トイレ」だけ見ても、国によって4つも違った言い方があるのです。先生が毎回変わる、ということは、使われる単語が毎回異なる、ということです。A先生はwashroomと言ったのに、B先生はlooと言ったりするのでは、生徒からすると「トイレ」だとなかなか認識できないし、何を覚えたらいいかわからなくなるかもしれません。

　また、先生が毎回違うことのデメリットは他にもあります。日本語でもそうですが、人によって表現の仕方や物事の捉え方が違います。例えばさっきのトイレの例をもう一度あげると、restroomとbathroomの違いについて質問をしたとします。A先生は「両方ともまったく同じ」と答え、B先生はrestroomは公共の場にあるトイレのことで、bathroomは家の中にあるトイレだ、と答えたりします。

　ここで重要なのはどちらが正しくてどちらが間違っているのか、ということではありません。人によって捉え方が違うから、どちらも間違いではないということです。このように、聞く先生によって答えが変わってくる場合があるので、特に初級者の頃は先生が違うことによって混乱しないためにも毎回色んな先生に習うことはお勧めしません。

　さらに言うと、人によって口癖もあります。口癖というのは、教科書英語に出てくるようなものではなく、表現をより人間らしくする自然な言葉の使い方です。毎回同じ先生と会話をするとだんだんとその人の口癖にも気づき、英語だけでなくその口癖をもマネしていくことができます。ですが、毎回先生が変わると、その口癖に気づく時間すらありません。

**　先生を一人に決めて、口癖まで含めその先生の話し方や言葉**

の選び方など徹底的にマネていくことで、とても自然な英語になっていきます。これこそ、赤ちゃんがお父さんやお母さんの言葉をマネていくのと同じプロセスです。

　もし周りに先生と呼べる人がいない場合は、YouTubeでもいいでしょう。YouTubeには本当にたくさんの「英語の先生」が存在します。見た目や話し方、英語のアクセントや声、説明がわかりやすいかどうかなど、それぞれ違うと思うので、自分の好みの先生を**1人に絞って決める**といいでしょう。そしてその人の英語を徹底的にマネしていきます。先生と呼べる人はどこにでもいます。そしてよりどりみどりです。

2. 相性が合うネイティブを見つけよう

　先生を一人に決める、と言っても「どうやって決めたらよいかわからない」という人もいると思います。ここでいう「先生」とは必ずしも英会話スクールの先生である必要はありません。もともと知っている友人のネイティブでもいいですし、最近知り合ったネイティブでもかまいません。とにかく自分が「この人みたいな英語を話したい！」と思う人を「先生」と決めればよいのです。

　そして「先生」と言っても、お金を払って生徒になって学ぶ必要もありません。もちろん先生を毎回指名できる英会話スクールに通っていつも同じ先生を指名して学ぶことも可能ですが、もし周りにネイティブがいる環境があるのであれば無理に英会

話スクールに通う必要はありません。

　それよりも、先生を一人に決める際に重要なポイントがあります。それは、「**相性が合うかどうか**」ということです。これはどういうことかというと、先生として一人の人に決めて徹底的にマネしていくということは、その人と接する時間が増える、ということです。もしも気が合わない人だと、ストレスになってしまい、先生として徹底してマネをすること自体継続することが難しくなります。「英語はかっこいいけど、共通点などがあまりなく話が噛み合わない」ということでは会話自体がままならないですし、何より楽しくありません。

　語学は言葉のキャッチボールで成り立っています。楽しくキャッチボールしながら、相手の球や出方を観察して、自分の返す球も変えていく。「あの打ち返しすごくかっこよかったので今度自分もマネてみよう」とか「こう返したらこう返ってくるんだ」とか「次はこんな球を打ってみようかな」など**色々考えながら工夫していく過程で自分の英語の土台ができあがり、かつ磨かれていきます**。

　そうは言っても「相性の合うネイティブが本当に周りにいない」という人もいるかもしれません。都心から離れたところに住んでいる人などで外国人を見かけることがない環境に住んでいる場合もあるかと思います。そういう人は、実際にリアルで会える人でなくても構いません。アプリで出会うという方法もあります。

　「言語交換 アプリ」と検索すればたくさんアプリが出てきます。日本語を学びたい外国人が、自分の母国語を教える代わりに日本語を教えて、とたくさん登録しています。出会い系アプ

リやマッチングアプリもありますが、目的が不純な人も多いのであまりお勧めしません。**言語交換アプリは、真剣に語学を学びたい人たちが集まっているのでお勧めです。**

　また、アプリで出会うことのいいところは、年齢や性別や趣味などで自分に合いそうな人を絞ることができる、というところです。共通点が多ければ多いほど話も盛り上がります。より相性のよい相手を探すことができる、ということです。基本は文字でのやり取りになりますが、文字でのやり取りにもメリットはあります。口頭での会話だと、どうしてもテンポのよい返答が求められますが、チャットのような文字のやり取りの場合は、わからない単語があればその場で調べることもできますし、自分の言いたいことも文字にして目で見て考えながら発信することができるので、焦らずにじっくり答えることができます。

　一方、アプリを使ったコミュニケーションのデメリットとしては、電話やテレビ電話のようにリアルタイムで話すことはできないので、会話の練習となるとやはり対面でのコミュニケーションには勝てません。ですが、アプリによっては音声録音機能があって、ボイスメッセージのやり取りができるものもありますので、録音された相手の英語を聞くことができたり、こちらの音声を録音して送ることもできます。また、仲良くなれば、お互いの連絡先を交換して、ZoomやLINEなどでビデオ通話を楽しんだり、近くに住んでいる人であれば実際に会ってみる、なんてことも可能です。

　とは言え、「アプリで外国人と知り合うことに抵抗がある」という人もいるかもしれません。そういう人は、外国人が集まるコミュニティに出かけていくとよいです。Meetupというサイトが

あり、目的別にグループやコミュニティがたくさんあって、リアルで会うイベントが定期的に開催されています。もともとアメリカで始まったサービスで、今では世界中にコミュニティが存在します。地域別に検索できるので、自分の住む街や職場の近くなどで検索してみるといいでしょう。例えば、登山・料理・ヨガ・読書・カメラなど、いろいろなグループがあります。同じ趣味や興味を持つ人と出会うことができるのと、もともと海外で盛んになったサービスなので外国人が多く参加しています。特に語学系のグループはたくさんあるので、特に趣味がない人は、英語のコミュニティで探すとよいでしょう。

　このように、現時点で気の合うネイティブの知り合いがいない場合でも、いろいろな方法で気の合うネイティブを探すことができます。**自分が行動を起こすことで先生を見つけることができるのです。**

3. 自分のレベルに合わせてくれる 外国人と出会う

　共通の趣味や興味を持つ「気の合うネイティブ」が見つかったとします。でも、まだそれだけでは「先生」として不十分です。次に考えないといけないことがあるのですが、これはかなり重要です。それは、「相手が自分のレベルに合わせてくれるかどうか」ということです。

日本人は相手に合わせる民族です。会話の内容であったり話すペースであったり、何かと相手を観察してそれに合わせようとします。でも欧米人は違います。自分が話したいと思ったら、相手のことは気にせずどんどん話してきます。「自分が一方的に話し過ぎてないかな」等とは考えることもなく「相手が話さない」イコール「話したくないんだ」と理解し、相手が話さないのであれば、ノンストップで自分が言いたいことを話し続けます。

　そうなると、特にこちらが英語レベル初級者であれば、どんどん相手のペースに飲まれてしまって、Yes, yes ぐらいしか話すことができないまま会話が進んでしまう、なんてことにもなりかねません。こういう状況では、相手を立てる民族である日本人は、途中で会話が見えなくなってしまったとしても、いまさら「わかりません」とは言い出せず、ただひたすら愛想笑いをしながら相槌を打って何だかよくわからないながらも会話を聞いている、という悲惨な事態に陥ってしまいます。

　私が海外に住んでいた時に見かけた広告に、こういうものがありました。言語交換の相手を募集する広告だったのですが見出しに、No Aisowarai Japanese（愛想笑い日本人お断り）と書かれていました。これは、海外に住んでいる日本人であっても愛想笑いをするだけであまり自分から話をしない、という人がいかに多いかを物語っています。

　とは言え、日本人の民族性や気質はそう簡単には変えられません。特に初対面の人と話をする場合は、相手に合わせてまずは様子を見るのが日本人です。なので、先生を選ぶ際「**相手が自分のレベルに合わせてくれるかどうかという基準で選ぶ**」ということが日本人の私たちには重要になってくるのです。

欧米人は「レディーファースト」を重んじると言いますが、こと会話になるとあまりそこは気にしないようです。相手が女性であっても男性であっても、主張したいことがあれば話し続けます。でも、私たち日本人には、そういう人ではなく、日本人の民族性や気質を汲み取ってくれて、こちらが話せなくてもそれに合わせてくれて寄り添ってくれる先生が必要になります。言うなれば「言葉のレディーファースト」をしてくれる人です。コミュニケーションをリードしつつも、優しくケアしてくれて気遣ってくれる人です。

　でも「そんな人、欧米人の中にいるのでしょうか??」と疑問に思う人もいるかと思います。もちろん探せば存在します。そしてちゃんと見分け方があるのでご紹介します。

　それはどんな人かと言うと、ずばり「外国語を真剣に学んだことがある人」です。英語ネイティブの人たちには、私たち日本人ほど「外国語を習得したい！」と思って真剣に学んだことがある人はあまりいません。割合でいうとほんの一握りです。なぜなら、英語が話せれば、海外どこに行ってもそんなに困ることはないからです。

　例えば、海外のさまざまな国で働いたことがある人であっても、その国の現地語を真剣に学んで日常生活や仕事で使っている、という英語ネイティブの数はかなり少ないといえます。なので、外国語を習得する際の、最初の段階でのうまく言葉が出てこないモヤモヤやもどかしさを経験したことがないので、相手が今なぜ愛想笑いだけをして Yes, yes と言っているのかも実感としてわからないのです。そういった人の中には、こちらがたどたどしく話しているとあからさまに嫌な顔をする人さえい

ます。そういう外国語を真剣に学んだことがない人に「言葉のレディーファースト」を求める方が間違っているといえます。

　なので、**先生を探すのであれば、同じ経験をしてきた人を選ぶのが一番です**。そういう人は、言語習得の過程を理解していいますし、こちらがたとえたどたどしくても、待ちの姿勢で寛容に受け止めてくれます。

　日本人は相手を気遣う民族です。なので、相手がちょっとでも嫌そうな態度や顔をしていたら「私の英語が下手だから迷惑かけているのかも」と思ってしまい、そこから話すことができなくなってしまいます。欧米人は嫌なものは嫌だと露骨に表現するので、そういった態度を少しでも感じ取ると一気に萎縮してしまい、最悪の場合はトラウマにすらなってしまいます。

　英語は話せるようになりたいけど、こういった嫌な体験をして外国人恐怖症になってしまった人もいるのではないでしょうか。何でもそうですが「誰から学ぶか」で結果が変わります。学ぶネイティブも選ばなくてはなりません。

　なので、ネイティブの先生候補が見つかった際に最初に質問すべきは「外国語を学んだことはありますか？」や「他に話せる言語はありますか？」です。中には「学校の必須科目として学んだ」という人もいるかもしれません。でも、そうではなくて、「自ら興味を持って学んだ事がある外国語があるかどうか」また「その外国語をどの程度まで話せるか」を聞いてみるといいです。ハーフのように最初から自然に二か国語を身につけていた人よりも「自分で努力をして学んだかどうか」を聞きます。

　これは、YouTubeなどの一方的なコミュニケーション媒体で決めた先生では難しいので、先ほどご紹介した言語交換アプリ

で知り合った人や、オンライン英会話レッスンの先生、または
リアルに対面で会う事のできる外国人の中で探すのがベストで
す。

4. 長い時間一緒にいれば影響される

　では「自分と相性が合って」「レベルも合わせてくれる」そん
なネイティブと出会ったら、その後はどうしたらよいのでしょ
うか。

　もうその後は「接触する時間を長く持つ」に限ります。実際に
会って話すのでもいいですし、文字メッセージのやり取りでも
よいです。そのネイティブとのコミュニケーションに触れる時
間が長ければ長いほど、語彙も増えていきますし、口癖もうつっ
て自分のものになっていきます。それに、相性が合ってレベル
も合わせてくれる特定のネイティブとのコミュニケーションな
ら、英会話スクールで毎回先生が変わって、毎回自己紹介から始
める、なんてことはないので、毎回同じ会話はしなくてよくなり
ます。なので、コミュニケーションを取れば取るほど、時間を
重ねれば重ねるほど、単語の量と会話の幅が広がっていきます。

　私はファイブアイズの5か国に合計10年間住みましたが、最
初に住んだ国はカナダでした。カナダに初めて渡った時の英語
力は、まさに「愛想笑い日本人」レベルでした。相手の言ってい
ることがわからないことも多く、自分で言いたいことも頭の中
で考えてから英語に変換して話そうとするので、会話の途中で

いいタイミングで発言することができず、いつも相槌ばかりになってしまっていました。そんな時に出会ったのがカナダ人の友人ケビンです。

　彼はカナダ人ではありましたが、私と知り合う少し前まで南アフリカにずっと住んでいて、カナダに久しぶりに戻って来たばかりでした。一人っ子で兄弟もなく、引っ越して来たばかりなので昔から知っている友達や知り合いもいませんでした。また、カナダ人には珍しくおとなしい日本人みたいな性格だったので、私とも気が合いました。南アフリカは英語が公用語ではありますが、同時にアフリカーンス語という現地の言葉も話されているので、英語以外の言語を学んで習得した経験もありました。

　ケビンとはクラスメイトだったので、一緒に宿題をしたり、買い物に行ったり、ご飯を食べたり、他の数人の友達を含めていつも一緒にいました。ケビンと知り合って、常に一緒にいるようになってから、私の英語力は飛躍的に伸びました。当時は「ケビンは話すスピードが他のカナダ人に比べて遅いな。南アフリカ人はみんなゆっくり話すのかな」と思っていましたが、今思うと、彼は常に私や他のノンネイティブの友達と話す時は、わざとゆっくりはっきり話すようにしてくれていたのです。

　このように「自分の英語力を引き上げてくれるネイティブに出会う」ということは本当に重要です。独学で何十年も、本屋さんで買ってきた本とにらめっこしながら、付属の音声を音読したりシャドーイングをしたりするよりも、よっぽど習得が早いですし、よりナチュラルで生きた英語を身につけることができます。本から多くを学ぶこともできますが、やはり双方向のコ

ミュニケーションでないと習得できないスキルがあります。

　私のようにタイミングよく、ケビンのようなネイティブと知り合うことは簡単ではないかもしれません。しかし「そういう人どこかにいるよね」とアンテナを立てていれば、おのずと現れてくることもあります。最初から諦めずに、常にアンテナは立て続けておきましょう。

5. 文章は一切見ちゃだめ！
耳に入った音をそのまま口にする

　日本人は本で学習するのが大好きです。英語を学んでいる人からよく聞かれる質問の一つに「英語を勉強したいのですが、どの本が一番お勧めですか？」というものがあります。このように「言語は本で学習して習得するもの」と思っている人が本当に多いようです。それはある意味仕方がありません。なぜなら、学校では教科書が与えられて、教科書に基づいて授業がなされ、定期試験があって試験でよい点数を取るために教科書に書かれていることを復習して勉強してきたからです。そういうふうに学ぶのが当たり前になっているので、それ以外の方法があるなんて想像もしないのです。

　海外で生まれ育った日本人と知り合う機会があれば聞いてみてほしいのですが、彼らの多くは、日本語を母国語のように話せますが、読み書きが苦手です。日本語をお父さんやお母さんか

ら学んだけど、学校で教科書を通して学んだわけではないので、日本語が読めないし書けない、というのです。私たちからしたら、日本語を普通の日本人となんら変わらず完璧に話す彼らが、まさか読み書きができないなんて、と驚きです。読み書きができないのにどうやって日本語を学んだの？　と思ってしまいます。でもこれは、教科書や本がなくても外国語を身につけることができるということを逆に証明しているのです。

　私のスクールの受講生の中に、スペイン語でお仕事をしている人がいます。彼女はスペイン語を大人になってから身につけました。しかも日本にいながらです。過去にスペイン語留学をしたことがある訳でもなく、日本でスペイン語の学校に通ったこともないと言います。では、どうやって身につけたかというと、所属していた教会のボランティアサービスとして、日本に住む外国人をサポートしようというのがあって、たまたまスペイン語圏の方をサポートすることになったそうです。スペイン語はまったく話せない状態で始めたそうですが、最初は一緒に区役所について行ったりして、必要なことを身振り手振りで辞書を引きながらカタコトの通訳をして、スペイン語圏の人とコミュニケーションを取りながら徐々に言葉を覚えていった、と言います。教科書などから学んだのではなく、すべて会話から耳に入ってきた音をそのまま口にすることで学んでいったそうです。実際にネイティブが使っている言葉をそのまま聞いて口にしてマネしていくことで、生きた外国語を身につけ、今ではスペイン語の通訳としてお仕事で活躍するまでになっています。

　大人になってからでもこういったことが可能なのです。そして、彼女の経験からも、**無理に本から学ぶ必要はない**、という

ことがわかります。どうしても、何かを学ぶには本や教科書が必要だ、と思ってしまいがちですが、「話せる」ようになりたいのであれば、文字からの学びはむしろ不要ともいえます。「**耳から入った音をそのまま口にする**」**という方法でも、英語は十分に習得することが可能**なのです。

6. 性格から外国人を演じる

　海外の色々な国に行ってみるとわかるのですが、日本の文化や考え方はかなり特殊です。日本は島国なので、同じアジアの中であっても日本と同じような文化や考え方の国は他にありません。アジアの中ですらそうなので、もっと遠い英語圏ではさらに考え方や文化が異なります。その事実を認識せずに英語を話すと、日本語で会話をしているような感覚で言語だけ英語に変換して会話をすることになります。

　例えば、日本語独特の表現に「お疲れさまでした」や「よろしくお願いします」などがあります。職場でよく使われる表現です。また、褒められた時などにへりくだる表現などもあります。例えば「まだまだ私なんて勉強不足です」などです。そういった表現をそのまま英語にしてしまおうとすると、ネイティブからすると違和感を覚えてしまいます。英語圏の文化ではそういった表現を使わないからです。

　こういった観点から、**日本人が英語を学ぶ上で特に必要だなと感じる要素は「脱日本人」**です。自分が日本人である、という

ことはいったん捨てて外国人になり切ることです。ジェスチャーやリアクションにしてもそうです。先生を決めてマネをしようと観察していたら気づくかと思いますが、外国人は本当にオーバーリアクションでジェスチャーも大袈裟です。表情もくるくる変わって見ていて飽きないです。英語を話す時は、そんなふうに性格も外国人になりきって演じるようにします。そうすると自然に発言も変わってきて日本人的な発想はしなくなります。

　先生を決めて徹底的にマネをしていたら、先ほどの日本人的な発言は一切出てきません。口癖もそうです。日本語では発しないようなオーバーリアクションのものもたくさんあると思います。そういったことを全てマネしていきながら、**英語を話す時は外国人である自分を演じます。**

　言葉は文化です。日本とは異なる文化を背景に持つ言語を習得するのですから、文化や考え方を、まるごと習得したいですよね。日本人に生まれてきたけど、外国語を話す時はその国の人になり切って話せるなんて楽しくないですか？

　ここで重要なのが、「周りの日本人から『日本人なのに外国かぶれしてる』と思われやしないか」とは考えないことです。もともとは相手に合わせることが得意なのが日本人です。英語を話す時も相手の文化や考え方に合わせればいいのです。ジェスチャーやリアクションも相手に合わせればいいのです。そこに恥じらいや周りからの目を気にすることは不要です。むしろ、英語を話しているのに会話の内容やジェスチャーが日本式だとちぐはぐで嚙み合いません。だから相手に違和感を与えてしまうのです。そうならないためにも、英語を話す時は外国人になり

切って、外国人を演じることが重要です。

　私がニュージーランドに住んでいる時に、こういうエピソードがありました。海外に住むと必ずあるのが「日本人コミュニティ」です。大体主要都市にはその都市に住む日本人同士で情報交換をするためのウェブサイトがあります。そして求人情報を載せたり、お部屋の入居者の募集をしたり、売り買いの広告を載せたりして活用します。

　ある時ソファを売りに出している人がいたので、実物を見にいきました。気に入ったらその場で即決して車で持って帰ろうと思っていたので、一緒にイギリス人の友人についてきてもらってきていました。ソファは一人では運べないからです。ソファを確認して気に入ったので、その場で乗ってきた車に積んで、売ってくれた人にお礼を言って帰ったのですが、家に向かう車の中でイギリス人の友人からこう言われました。「さっきの冗談でやってたんでしょ？」と。私は意味が分からず「え？　なんのこと？」と聞き返しました。

　イギリス人の友人曰く、売ってくれた方と私が、最後に挨拶をしながらずっと頭をペコペコ何度も下げてたのが滑稽に見えたそうです。というか、冗談じゃないとあんなことしないのではないかと思えるくらい、話しながら何度も何度も頭を上げ下げしていて本当におかしく映ったようでした。

　日本人の私たちからしたら普通のジェスチャーで無意識にしていたことなのですが、欧米人からしたら冗談かと思われるくらい滑稽に映るということです。英語を話す時にもそれをやってしまっていたらどうでしょうか。やはり、外国人になりきらないと変な人とすら思われてしまうのです。

もし外国人を演じることにどうしても抵抗感を感じてしまう人には奥の手があります。それは、イングリッシュネームをつける、ということです。英語を話す時だけ英語の名前をつけるのです。自分の名前の音に近い英語名でもいいですし、好きな海外の有名人から取った名前でもよいです。その場合は、もう「その有名人になりきる！」と誓うことです。例えばアリアナ・グランデから名前を取って、イングリッシュネームを「アリアナ」としたとします。そしたらあなたはその瞬間からアリアナ・グランデになりきります。名前だけでなく、身振り手振りもアリアナ・グランデを真似ていきます。ロールモデルにするのです。憧れの有名人になりきるのだから、英語を話す時もウキウキするはずです。

　もし好きな海外の有名人も思い浮かばず、自分の名前に近いイングリッシュネームがなくて自分で決められない場合は、ネイティブから自分のイメージに合うイングリッシュネームをつけてもらうのでもよいです。「私に英語の名前をつけてほしい」と頼むのです。おそらく、喜んでつけてくれると思います。

　英語の名前で呼ばれると、外国人になったような錯覚に陥ります。そうすることでテンションが上がり、身振り手振りも変わってきますし、また、考え方や発想も変わってきます。一度試してみてください。

第 3 章

会話ができなければ
意味をなさない

コミュニケーションツール

1. テストを目的とした勉強法では 一生話せない

　英語だけでなくどんな言語であっても、言語はコミュニケーションにおける「ツール」です。いわゆる道具です。道具と言ってもかなり便利な道具ではあります。例えば、この道具を持っていると、今まで意思疎通できなかったような人たちとリアルタイムでやり取りできて、会話を楽しんだり、新しい情報を得たり、視野を広げることができます。この道具は、学校で全員に平等に配布されます。そして同時にその使い方も学校で教えてもらえます。

　ただ、学校で教わるのは道具の「使い方」というよりは道具に対する「知識」と言ったほうが正しいかもしれません。例えば、「文法」と呼ばれるこの道具の性質や組み立て方のルールを細かく教わります。道具を細かく分解しながら、どのようなルールにのっとって部品が並んでいるのか、あるいは、どのような法則に従ってそれぞれが繋がっているのかを教わって理解していくイメージです。また、「単語」と呼ばれるこの道具の部品についてもたくさん学びます。この道具がどのような部品で構成されていて、それがどのように組み立てられているのかが分かります。このように、学校でこの道具について学ぶと、道具そのものの理解が深まります。

　また、学校ではこの道具についてある程度学んだら、理解度を測るために試験が行われます。この試験では「使い方」という

より「理解度」を測られるので、知識として身についていれば合格点をもらうことができます。

これが「英語」という道具を与えられた私たちの学校での学び方です。学校では英語という「学問」について「知識」としてたくさん学びました。ただ、道具は使いこなして初めてその価値を感じることができるものです。使えるようになってこそ「英語ってなんて便利なんだろう！」と実感できるのです。でも、私たちが得た学校教育での知識だけでは、その価値を感じるところまで到達できないのです。もったいないことです。

一生懸命勉強をしてこの道具について知識を深め、テストでもよい点数が取れるようになったとしても、「得た知識」を活かして、その次のステップである「使い方」の習得にまで進まない限り、この道具を使いこなしてその価値を実感できる日が来ることは一生ありません。使いこなせるようになるためには、いよいよ実践のステージに進んで行かなくてはならないのです。

ただ逆を返せば、学校教育で学んだ道具の知識を持っていれば、あとは実践を重ねれば重ねるほど、使いこなせるようになって行くということです。場数をどれだけ踏むかです。

英語の習得はある意味、車の運転免許を取るのに似ています。まず最初は学科を勉強します。そこでいろんなルールを学びます。初めて見る標識も、最初は見ただけでは意味がわからず解説を確認しながら一つひとつ覚えていきます。そしていろんなシチュエーションによってさまざまなルールが適用されることも学んでいきます。最初はこんなにたくさん覚えられるかな……と不安になりながらも「とにかく覚えるしかない！」と詰め込んでいきます。一通りルールや用語を覚えたら学科の試験にト

ライします。最初は不合格になってしまう人もいるかもしれません。でも、何回か受ければ必ず合格します。全体像が掴めてくるからです。でも、学科に受かったからと行って、すぐに車の運転ができるわけではありません。**学んだことは単なる「知識」にしか過ぎないからです。**

　学科をパスしたら、次は実地に進みます。ここでは実際に運転技能を学びます。実際にハンドルを握って体で学んでいきます。最初はコンピューターを使ってシミュレーション運転から始めますが、徐々に本番同様に本物の車を運転します。最初はアクセルを踏むのもおそるおそるです。どこをどのようにどのくらいの加減で操作すれば正しく動くのかが感覚としてわからないからです。不安だらけです。自信もありません。でも車に乗れば乗るほど、その「感覚」が身についてきます。しかも回数を重ねるうちに、意識せずとも手足が勝手に反応して動いてくれるようにまでなってくれます。

　車を運転される方は、実体験を通じて今述べたようなことを経験されていると思います。英語も車と同じです。使いこなせるようになるまでには、実践での練習が必須です。**学科に受かっただけでは、車は決して運転できないからです。**

2. 目的と手段を混同しない

　外国人と話をすると聞かれる質問の中に必ずと言って出てくるものがあります。それは、「なぜ英語を勉強しているのです

か?」という質問です。あなたなら何と答えますか? 今ちょっと、考えてみてください。

　あなたがもし「グローバル時代なので英語スキルは必須だから」とか、「英語ができると海外旅行で不自由しないから」とか、「単純に英語を話せたらかっこいいから」といった理由で英語を勉強しているとしたら、**残念ながらあなたの英語力はこれ以上は伸びません。**

　衝撃を受けたかもしれませんが、それには理由があります。先程のような理由で英語を学んでいるとしたら、それは、英語を学ぶことが「目的」となってしまっているからです。ゴールが「英語を習得すること」になっている、ということです。

　繰り返しますが、英語は単なる「ツール」「道具」でしかないのです。この道具を使えるようになることが目的になっているうちは、「道具自体」にフォーカスされているため、学校教育のように「その道具について知ること」に重きを置いてしまい、「その道具を使って何かをする」ということがおざなりになってしまいます。

　だから、「英語を習得すること自体」が目的となってしまってはいけないのです。「**英語を習得した先に何をしたいか**」が具体的にイメージできていないと、どのように道具を使うのかについて明確なシミュレーションができないので、実践に進めないのです。

　例えば、先ほどの車の例をもう一度挙げます。運転免許を取りに来る人たちに「何で免許を取ろうと思ったんですか?」と聞くといろんな答えが返ってきます。「18歳になって免許が取れる年齢になったから」「周りが取ってるから自分も」「車の運転

ができるとかっこいいから」「今時間がある内に取っておこうと思って」など、「免許を取ること」が目的となっている人たちは、おそらくその後ペーパードライバーになっている可能性が高いです。免許を取った後の目的が明確になっていないからです。

　では、このような方はどうでしょうか。「子どもの送り迎えのために」「スーパーへの買い出しを楽にするために」「仕事で必要なので」。こういった方は、運転免許を取る明確な「目的」があるので、運転方法を学ぶ過程でも自分の目的に合わせてシミュレーションをしながら学んで行きます。そして、学んだ直後から自分の目的を達成するために運転という実践を積んでいきます。

　運転における車も、単なる「道具」「手段」にしか過ぎません。車を使って何をしたいかが明確になっていればいるほど、具体的なアクションが取れますし、その目的に向かって一直線に進んでいけます。途中で学科の試験範囲が広すぎて挫折しそうになったとしても、免許を取った後の目的が明確であれば、もう一度気持ちを切り替えて「よし！」と頑張れるものです。

　「英語」という道具は学校で全員に配布されるので、「やらないといけないから」や「就職に有利だから」という周りの一般的な風潮に流されそうになり、本来の「目的」という部分が軽視されがちです。ですが、道具を使いこなせるようになるには、「**なぜ英語を話せるようになりたいのか？**」に対する「**理由**」がかなり**重要な部分になります**。あなたがもし冒頭の質問で、はっきり答えが浮かんでこなかったとしたら、今一度「何のために英語ができるようになりたいのか」をじっくり考えてみてください。そこが明確になれば、その後の行動も変わっていきます。

3. 落ち込まない。
10回聞いて1回言える。これが新言語をマスターする上での必須事項

　ここまでの話を通して「実践」がいかに大切かがわかってもらえたと思います。ですが、日本人は準備が万全に整ってからでないと次に進めない人が多いようです。なかなか実践に進もうとしないのです。そして実践の場があったとしても、実践しようとすらしない人もいます。これはもう、周りの目がどうしても気になってしまう、という日本人の民族性なので、しょうがないことではあるのですが、本当にもったいないことです。

　しかし、「外国語を習得したい」と思ったら、日本人的思考は一度どこかで捨て去らなくてはなりません。外国人を見て下さい。日本語を学んでいる外国人で、こちらが日本語で話しかけても恥ずかしがって日本語を話そうとしない外国人を見たことがありますか。彼らは片言でしかまだ日本語を話せない時でも「ニホンゴ　ハナセマス」と笑顔で堂々と言います。でも日本人はどうでしょうか。Do you speak English?と聞かれてYes, I do!と大きな声で笑顔で答える日本人がどれくらいいるでしょうか。I can't speak English.やI can speak English a little.と言っていないでしょうか。もうこのような英語を言える時点で、I can speak English!と堂々と笑顔で言っていいのです。

　とはいえ、かくいう私も以前は同じでした。高校を卒業して初めて一人でカナダに留学をした時です。最初の1年間は語学学

校に通っていました。朝から夕方まで毎日びっちり「英語だけ」を勉強するのです。1年ほど経つと、日本にいる家族や友達から「もう1年も留学したんだからペラペラなんだろうな」と言われます。実際はというと、ペラペラからは程遠い状態でした。「1年経ってやっと英語が耳に慣れてきた」といった感じでしょうか。1年経っても自分の言いたいことが自由に表現できる訳ではないですし、ネイティブが話す英語も想像で聞いている事が多かったのです。

　そんな状態がよいとはまったく思っていませんでした。自分にがっかりしましたし、変えていかなくてはならない！と強く思っていました。この頃からです。「日本人であることを捨てて、カナダ人になり切る」と決めたのは。考え方を真逆に変えたのです。そこからメキメキ私の英語力は伸びていきました。

　「自分はできない」と思っていればできないですし、「自分はできる」と思えばできるのです。私のスクールの受講生にも同じことを伝えています。たとえ相手が英語で何と話しているかわからなくても大丈夫です。そこでいちいち落ち込んで立ち止まっていては、この先何十年かけても英語を話せるようになる日は来ません。最初は「10回同じことを聞いてようやく理解できる」というレベルでいいのです。聞き取れるようになったらそれを自分も言ってみる。それを繰り返していくと、10回が次第に8回、5回、3回になって、ある時「1回で聞き取れた!!」という感動を味わう日が来ます。

　車を運転される方は、初めて車の縦列駐車にトライした時を思い出して下さい。最初は何度ハンドルを切っても自分の思う角度で車が進んでくれません。何度も何度も練習を重ねて、感覚

を掴んでいきます。そして、ある時「できた!!」という日が来ます。これは実践を積み重ねてこそ味わうことのできる体験です。

4. 質より場数。最初は徹底的に口に出そう

　このように、実践は数がものを言います。多ければ多いほどみるみる上達していきます。**実践する際の完成度は正直関係ありません。**それよりも、アウトプットをどれだけするか、ということが重要になります。

　日本人は完璧主義の人が多いように思います。石橋を叩いて渡るタイプです。「間違いたくない」「失敗したくない」という思いが先に浮かんでしまうからです。でも、英語は外国語なので、英語を話す時ぐらいは日本人であることをやめて「**外国人になりきって**」口から出すことに徹底的に集中してほしいと思います。

　ふと何かに躊躇してしまうようなことがあれば、「**外国人ならこんなの気にしないよね**」と思ってみるといいでしょう。聞き取れなかったことを何度も聞き返したり、うまく単語が口から出てこない時も、表現を変えて同じ事が言えないかといろいろ試してみたり、自分ばかり話していて申し訳ないと思うような時があったとしても「外国人ならこんなの気にしないよね」と思って、話し続けてよいのです。ある意味ストイックでしつこいくらいの人の方が語学は上達します。その方が後々迷惑をかける時間が短くなっていきます。そう考えると今迷惑をかけてお

いた方がいいと思いませんか。

　という訳で、質より量が大切だという事がわかったところで、ここで少しエクササイズをしてみたいと思います。何度も口から出す事が大切なので、意味をイメージしながら口から出す練習をしてみましょう。

ちょこっとエクササイズ

誰もが知っているお馴染みの単語doを使った表現です。I do the＋名詞で、いろんな日常生活の表現ができてしまいます。doはとても万能な動詞なのでこの機会に全部インプットしてしまいましょう。

🔊 I do the <u>dishes</u>.　　　　　お皿洗いをする。

　　I do the <u>laundry</u>.　　　　洗濯をする。

　　I do the <u>yard</u>.　　　　　　庭仕事をする。

　　I do the <u>flowers</u>.　　　　お花を生ける。

　　I do the <u>living room</u>.　　リビングルームを掃除する。

5. 文法無視。思ったことを口にしよう

　私たちは学校教育を通してたくさんインプットをしてきました。卒業してからかなり時間が経過している人でも、インプットしたことは必ず脳の中のどこかの引き出しに入っています。学生時代英語は全然勉強しなかったという人でも、This is a pen. くらいの知識は持っているはずです。

　それでも「文法は苦手で……」「どうやって英語を組み立てていいかわかりません」という方は、文法は無視で構いません。とりあえず思ったことを口に出すだけでよいです。「文法がわからないから」とまったく何も言わないのと比べたら、とりあえず思ったことを口に出すだけでも、英語の上達に雲泥の差が出てきます。

　例えば、和製英語が頭に浮かんできたとして「これって英語として合ってるのかな？」と思ったとします。でも、そこで躊躇せずひとまず口に出してみるのです。もしそれが生粋の和製英語だったとしても、ネイティブは「こういう事が言いたいのかな？」と想像して大抵の場合理解してくれます。何も言わないよりはマシです。言えば何かしら通じます。

　絶対に使わないといけない文法なんてないのです。例えば、yesterday と付ければ過去のことなんだ、という事だとわかります。伝わればいいのです。多くの人は書いたら書けるのに口からはうまく出てきません。相手を待たせたらいけない、などの心理的なプレッシャーで出てこないのです。

　特に男性は話すのが苦手な方が多いです。私のスクールでも

同じです。少人数のグループに分かれて英会話のレッスンをする際、女性だけのグループと男性だけのグループを見てみると、同じくらいのレベルであっても男性だけのグループの方が断然に口数が少ないです。ネイティブの先生が質問を投げかけても誰一人として答えない時もたくさんあります。先に話すのを遠慮しているのか、とりあえず頭に浮かんだ事を言ってみて先生に通じなかったら恥ずかしいと思ってしまうからなのか、男性は女性に比べてコミュニケーションの量が少ないのは明らかです。でも、英語スクールは「英語を学ぶ場」であって、正しい英語を話して合格点をもらう場ではないのです。安全な場所なので是非たくさん間違えて多くを学んで欲しいと思います。

　皆さんご存じ「習うより慣れろ」ということわざがあります。本当にその通りで、最初のうちは、身体や口は思った通りに動いてくれないものです。慣れていく期間が必要なのです。赤ちゃんも同じです。最初はうまく発音できませんが、何度も何度も口から発声し、次第にうまく発音できるようになっていきます。最初は単語だけしか言えないですが、徐々に2語、3語と数が増えるのです。大人になって赤ちゃんみたいにたどたどしくしか話せないのは恥ずかしいと思ってしまうかもしれませんが、新しい言語を習得する際は、誰もが通る道なので、恥ずかしいと思う必要はありません。赤ちゃんに戻るのです。**日本語ではもう赤ちゃん言葉には戻れませんが、外国語なら戻ることができるの**です。もう一度赤ちゃんに戻れるなんて楽しいと思いませんか。

6. 口で語るべからず。体で語る

　せっかく赤ちゃんに戻れるのであれば、もう開き直って完全に赤ちゃんになってみるといいでしょう。赤ちゃんは言葉で感情や考えを伝えることができないので、動きや表情で表現します。なので「英語が口から出てこない」という人はまずはすべてを体で表現してみましょう。「伝えたい」という気持ちが伝われば、相手も待ってくれますし、あなたの思いを一生懸命受け取ろうとしてくれるはずです。

　まずは表情です。「英語が口からでてこない。やばい」と思うとだんだん焦ってきます。顔がこわばって、引きつってきます。でもそんな時でも、満面の笑みです。英語圏の人と接しているとわかりますが、彼らは、あなたを受け入れている時は相手の目をしっかりみて「笑顔で」コミュニケーションを取ります。まだ受け入れていない時はしかめっ面です。それくらいストレートに表現してきます。

　ここで欧米と日本で、表情での表現に面白い違いがあるので紹介したいと思います。「スマイリー」って皆さんご存じですか？　これは、いわゆる「顔文字」のことです。スマイリーの原形は、黄色い丸の中に口元が笑った顔が描かれている「ニコちゃんマーク」なのですが、昔から親しまれていてお馴染みなので皆さんご存じなのではと思います。このニコちゃんマークのように、顔の表情をアルファベットや記号を使って表現します。最近では、手書きよりもパソコンで文字を打つ事が多くなったので、キーボードで表すことのできるこの顔文字は、スマイリー

（smiley）やエモーティコン（emoticon）とも呼ばれたりします。

　さて、この顔文字ですが、同じ人間の顔なのに、英語圏の人が表現するとこのようになります。いくつか例を紹介します。

〈英語圏の顔文字例〉　　　:-)　　　　　:-(　　　　　:-P

　何だかわかりますか？　初めて見た人には何のことだかわからないかもしれません。解読するには首を左に90度傾ける必要があります。首を90度傾けてもう一度見てみてください。わかりましたか？　上から、「笑っている顔」「悲しい顔」「あっかんべーの顔」です。そのように見えましたか？

　次に、日本人が表現する顔文字を紹介します。こちらです。

〈日本圏の顔文字例〉　　　(^-^)　　　　(T_T)　　　　(≧▽≦)

　英語圏と日本人の表現する顔文字をそれぞれ見てみて、何か気づかれましたか？　そうです。顔の表現に大きな違いがありますね。

　まず、表情を表現する時に、顔のどこの部分を使っているか、です。英語圏のスマイリーは「口元」で表現していますが、日本人は「目」で表現しています。研究によると、話している相手の表情を見る時、英語圏の人は口を、日本人は目を見るのだそうです。面白いですよね。

　また、英語は日本語に比べるとかなり口の開け方が大きな言語です。同じ「ア」でも、日本語は口をそこまで大きく開けなくても話す事ができます。一方、英語の「ア」は、指が縦に3本入

るくらい大きく開けて発音する、とよく言われるほどです。英語では日本語の倍くらいは顔の筋肉を使います。ネイティブと同じように顔の筋肉を使って英語の発音の練習をすると、慣れない人はほっぺたが筋肉痛になる位です。英語を話す時、口や顔全体の表情を意識する事で、顔まで自然な英語になることができます。

　このように、英語で伝えたいことがあって、相手に理解してもらいたいのであれば、まずは「表情で」相手に飛び込んでいくのです。それだけで、相手はあなたを受け入れてくれる体勢になります。受け入れ体制が整えば、後は、体全体を使って伝えていけばいいのです。ボディーランゲージです。

　この時少しばかり日本語がポロっと出てしまっても構いません。出てしまったものは取り消せないので、構わず伝えたいことを伝えていきます。単語だけでも構いません。聞いている相手もあなたが何を伝えようとしているのかな、と一生懸命質問をしてくれたり確認してくれたりするはずです。合っていれば、満面の笑みでYes!と伝え、違っていれば伝わるまで伝えればいいのです。

　私たち大人は赤ちゃんより手も足も自由に上手に使えます。表情のバリエーションだって豊かです。言葉が足りなければ体で補えばいいのです。コミュニケーションの手段は何も言葉だけではないのです。

ちょこっとエクササイズ

それでは、外国人がよく使うボディーランゲージを学んでみましょう。

① 肩をすくめる（shrug）

両手のひらを上に向けて肩をすく
めるしぐさです。「分からない」で
あったり、「仕方ない」などのあき
らめの気持ちを表します。

② まあまあ（so-so）

手のひらを下にして、左右にひら
ひらと振ります。顔は口をつむって
少し苦い表情をします。「調子はど
う?」と聞かれた時等、良くも悪く
もない場合に使われます。

③ エアクオート（air quotes）

言葉を強調する記号である「ダブ
ルクォーテーションマーク」" "を
指で作ります。そして、クイクイと
指を2回曲げる動作をします。文
字通り、誰かが言ったことを引用
する時に使われたり、皮肉っぽく
強調したい時に使われることも多
いです。

いかがですか? これらは全て日常的に頻繁に老若男女問わず使われ
ますので、是非英語を話す時に取り入れるようにしてみてください。

第４章

綺麗な英語を
マスターする秘訣

ファイブアイズ・イングリッシュ

1. 英語の標準語は、何を基準にされているのか

　英語はいろんな国で公用語になっていて、それぞれの国で異なったアクセントがあります。その中でも、私たちが中学校で学んだ英語は「アメリカ英語」なので、アメリカ英語が一番聞きやすいと思われている方も多いかと思います。

　カナダもアメリカ英語にほぼ近いアクセントで英語が話されています。もともと英語はイギリス発祥の言語ですが、今やこのアメリカとカナダを合わせると、話されている地域の広さも人口もアメリカ英語がダントツでナンバーワンです。

　標準語はやはり、一番広く一般的に話されているアクセントであるといえるので、「**英語の標準語は今やアメリカ英語である**」と**言い切っても過言ではありません**。

　ただ、「アメリカ」「カナダ」と一言で言っても、それぞれ国土は広大で、地域ごとに違ったアクセントがあるのも事実です。そうなると、アメリカ英語の標準語とはどこで話されている英語なのか、とふと疑問に思ったことはないでしょうか。

　日本語の標準語は日本の首都である「東京」で話されている日本語です。東京が一番人口の多い都市であるのと、訛りのない標準的な日本語が話されているイメージがあるからです。では、アメリカ英語の場合はアメリカの首都である「ワシントンDC」で話されている英語がアメリカ英語の標準語なのでしょうか。それともアメリカ経済の中心地である「ニューヨーク」が標

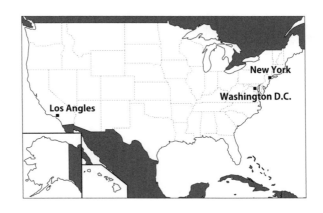

準なのでしょうか。

　アメリカ人と話していると「ニューヨークのアクセントはこうだよね」などのように、ニューヨーク訛りの英語をマネて話しているのを聞くことがあります。これは、ニューヨークにも独特のアクセントがあるということで、ニューヨークで話されている英語が標準語という訳ではない、ということです。

　もし周りにアメリカ人の知り合いがいたら聞いてみてください。「アメリカ英語の標準語はどこで話されているんですか？」と。この質問は、アメリカ人でも結構答えられない人が多いです。標準語とは、日本語のように経済の中心地や首都で話されている言葉なのかと思いきや、アメリカ英語の場合はそうでもなさそうです。では、アメリカ英語の標準語は一体どこで話されているのでしょうか。

　アメリカは国土が広大なので、各地域のアクセントも多様でどの州のアクセントが「標準」なのか難しいところではあるようです。なので、場所で考えるよりも別の見方をした方が良さ

そうです。

　よく考えてみたら、**標準語を話さないといけない職業の人たちがいます**。誰だと思いますか？　そうです。テレビのアナウンサーたちです。言葉を使って伝えていくことが仕事なので、英語のアクセントについても厳しく指導されているはずです。では、彼らはどんなアメリカ英語を「正しい」として話しているのでしょうか。

　実は、アメリカ英語には General American（ジェネラル アメリカン）というものが存在します。そして**アメリカのアナウンサーたちはこの General American を話しています**。これには理由があります。公共の電波であるテレビで話をした時に「どこどこ出身の人だ」とわからないようにするためです。なぜなら、日本と同じように訛りによってある一定の「イメージ」が連想されるからです。

　例えば「南部訛り」のアクセントだと、「教養がない感じ」といったアクセントから来るイメージが、アメリカにも少なからずあります。なので、アナウンサーだけでなく人前で話すこと

の多い政治家や著名人も、このGeneral Americanを身につける訓練を受けるようです。

　では、この訛りを持たないGeneral Americanとは、一体どんなアメリカ英語なのでしょうか。「各地域の訛りを持たない」という定義があるとは言え、実はベースとなっている地域があります。地域としては「西部」と「中西部」です。具体的な地名を挙げると、西部はカリフォルニア州やアリゾナ州等、中西部は

シカゴ（イリノイ州）やデトロイト（ミシガン州）などの地域です。中西部というのは、ちょっと意外な地域ではないでしょうか。

　アメリカで話されている標準語について見てきましたが、一方イギリスではどうなのでしょうか。英語「発祥の地」である本家本元について見てみましょう。

　イギリスもアメリカ同様、地域によってそれぞれ異なったアクセントの英語が話されています。そもそもイギリスは英語でUnited Kingdomと呼ばれているとおり「連合王国」であり、イングランド・ウェールズ・スコットランド・北アイルランドという4つの「国」で構成されています。そして「英語」は、この4つの国の内の一つである「イングランド」で話されていた言語でした。残りの3つの国にはそれぞれ独自の言語が英語以外に存在し、今でもその言語を話す人たちが暮らしています。そう考えると、イギリス全土で話されている英語に違いがあるのは当然だといえます。

　では、「イングランド」で話されている英語がイギリスの標準語なのか、というと、これまたそうシンプルではありません。「イングランド」だけでも、日本の本州の6割ほどの広さがあるので、地域差もあります。ただし、ここで強調したいのは、イギリスはアメリカと違い、地域差だけではなく「階級差」が話される英語に大きな影響を及ぼしているということです。

　「階級」と言われても、日本に住んでいると、あまり意識することがないのでピンとこないかもしれませんが、イギリスは階級社会で、一般的に7つの階級に分かれていると言われています。そしてこの階級によって、話されるアクセントが異なっています。おおざっぱに言うと、富裕層と労働者階級の人たちと

は明確な差があるため、普段使う言葉遣いでどの階級かがわかってしまうのです。

　一つ例を挙げます。デビッド・ベッカムというイギリスのサッカー選手がいました。イケメンで独特の髪型が話題となり、プレーでも活躍していたので一時期メディアでもよく取り上げられていましたから、覚えている方も多いと思います。ベッカムは、お父さんが配管工で労働者階級の貧乏な家からサッカーで成功した人ですが、結婚相手のヴィクトリアは、スパイス・ガールズという芸能界で有名なグループの元メンバーの一人で、彼女は富裕層が属する階級出身でした。この二人のエピソードが英語を学んでいる人の間でよく出てきます。

　なぜかというと、奥さんのヴィクトリアはとても上品な英語を話すのに対し、ベッカムは「コックニー」と呼ばれるロンドンの下町で話される庶民の英語を話すため、労働者階級出身なんだということがすぐにわかり、階級差カップルということで話題になったからです。それくらい、イギリスの英語は話しただけでどこの階級かというのがわかってしまうのです。

　このようなイギリスでも、標準的な英語を定めようという試みがありました。その代表がRP（Received Pronunciation 容認発音）、と呼ばれるもので、いわゆる「クイーンズ・イングリッシュ」にあたります。これは、高等教育を受けたイングランド南部の上流階級の発音に基づくものとして、1910〜20年代に規範化されました。一般的に、私たち外国人が「イギリス英語」の発音として学習するのはこのRPです。国営放送であるBBC（British Broadcasting Corporation 英国放送協会）でもRPが使われていました。

ただ、RPはどうしても上流階級と関連づけられてしまうため、「お高くとまった」「とっつきにくい」といったマイナスの印象を持たれることが少なくありません。そういった理由もあって、RPの「標準語」としての地位は低下して行きました。

　そこで出てきたのが河口域英語（Estuary English）と呼ばれるもので、これは言うなれば、RPとコックニーとの中間のような位置付けのものです。「河口」とはテムズ川の河口を指していて、ロンドンなどイングランド南東部で話されている英語のことになります。これはRPほどとっつきにくいイメージがなく、コックニーほど俗っぽくないということで、標準的なイギリス英語として受け入れられるようになっていきました。

　ここまでアメリカ・イギリスとそれぞれの国で話されている「標準語」について見て行きました。これからアメリカやイギリスに旅行の計画を立てている方がいらっしゃれば、各地域のアクセントに注目して違いを聞き分けてみるのも楽しいと思います。それぞれのアクセントの違いに触れる旅。また、違った角度でアメリカやイギリスを見ることができる素敵な経験となること間違いなしです。

2. TOEICもファイブアイズの英語が基準

　TOEIC（トーイック）という英語の試験があります。アメリカで開発されている世界共通の英語の試験です。約150か国で700万人以上の人が受験しています。

私はこのTOEICを25年以上前から受験していますが、アメリカで開発されている試験だけあって、リスニング問題で流れてくる英語は、以前はすべてアメリカ英語でした。

　TOEICの正式名称は、Test of English for International Communicationで、日本語にすると「国際コミュニケーション英語能力テスト」になります。「国際コミュニケーション」と謳っているのにリスニングテストに北米のアクセントしか採用していないのはおかしいという批判もあり、2006年の改訂の際、リスニング問題に出題する英語のアクセントが大幅に改訂されました。

　改定後は、「米国」「カナダ」「英国」「オーストラリア」の発音が採用され、それぞれ均等に25%の割合で出題されるようになりました。「オーストラリア」の中には「ニュージーランド」の発音も含まれますので、実質ファイブアイズの5か国のアクセントがTOEICで試されることになったといえます。

　これはファイブアイズの国々である英語圏主要5か国が、今後国際舞台で活躍する人たちにとってますます重要になってくるということを示しています。そのためには、それぞれの国で話されているアクセントや表現を理解して使えるようにならなくてはならない、ということを「アメリカも認めた」ということです。

　実際、今まで学校英語で学んできた「アメリカ英語」に慣れている私たち日本人は、この改訂で「リスニングが難しくなった」と感じている人が多いようです。特にイギリス英語やオーストラリア英語はアクセント自体が聞き慣れないのと、使われている単語や表現もアメリカ英語とは違うので、私のスクールの受

講生の中にも「苦手だ」「上手く聞き取れない」と感じる人が多いのです。

　ただ忘れてはいけないのが、「米国」「カナダ」「英国」「オーストラリア」「ニュージーランド」はいずれも「英語が母国語の国」だということです。すなわち「英語ネイティブが話すクリアな英語だ」ということです。しかし、世界には英語が母国語ではない人たちが沢山ビジネスをしていたり、海外旅行を楽しんだりしています。英語ネイティブの数よりも、非ネイティブの人口の方が多いのです。そして、そういった人たちの話す英語はもっとクリアさに欠け、英語の表現も曖昧になるので、そういった人たちと問題なくコミュニケーションを取るためにも、最低限、英語圏主要5か国で話されている英語は理解できなくてはなりません。もはや**ファイブアイズの英語は「最低基準」となっているのです。**

　また、このファイブアイズの5か国の英語を基準に持っておかないといけない理由がもう一つあります。それは、英語を真剣に学ぶ人たちの主要な留学先がこのファイブアイズの5か国だから、ということです。留学だけでなくワーキングホリデー制度も、日本では、ファイブアイズの5か国の中ではアメリカを除いた4か国で実施されています。日本以外の国でもこの4か国とワーキングホリデー協定を結んでいる国は多数あるので、世界のいろんな国の人々がファイブアイズの国々に留学をしたり、ワーキングホリデー制度を利用して長期滞在したりしながら英語を習得しています。

　そういった人たちのベースとなっているファイブアイズの5か国の英語を満遍なく理解できれば、今後世界の人とコミュニ

ケーションを取る上でとても有利になるのは間違いありません。

3. ビジネスならアメリカ英語、発音なら イギリス英語

　アメリカの試験であるTOEICもその重要性を認めているファイブアイズ5か国の英語ですが、この「5か国の英語を満遍なくわかるようになることが重要」だ、ということがおわかりいただけたかと思います。そうなると、「では、実際に英語を話す際、一体どの国の英語を話せばいいの？」という疑問が湧いてきます。

　これにはいくつかの考え方がありますが、個人的には、**仕事上で英語を使いたい、と思う人には「アメリカ英語」をお勧めします**。理由はなんと言っても、やはりアメリカが世界経済の動きの中心だからです。これは揺るぎない事実なので、ビジネス上で英語を使いたい人はアメリカ英語を基準に自分の英語を積み上げていくと間違いありません。話す時の発音やアクセントであったり、書く文章であったり、スピーチスタイルであったり、はたまたビジネスマナーに至るまで全てアメリカ英語やアメリカをベースにするとよいでしょう。

　ただし、旅行や住んだ経験があるなどで自分の好きな特定の国があって、そこの英語を身につけたいという方は、まずはそ

の1か国を選んでその国のアクセントや表現を身につけるようにしてもいいでしょう。特別な思い入れや個人的に親近感のある国の英語はやはり身につきやすいですし、意識して意欲的に取り入れるようになります。何よりその国独特の表現を覚え自らがそれを使いこなせるようになることが楽しいと感じられるので、どんどん身について好循環のループに入っていきます。

　一方、仕事上で特に英語を使う訳ではなく、特別な思い入れもどの国にもないという方で、**とにかく英語がスムーズに口から出てくるようになりたい、という方には、発音の観点で「イギリス英語」をお勧めします。**なぜイギリス英語をお勧めするかというと、例えば、アメリカ英語に出てくる日本人にとって難しい巻き舌の「R」の発音がイギリス英語にはないからです。日本人を悩ませる「R」の発音がないというだけで、かなり日本人の英語の発音に対するコンプレックスを解消してくれます。

　例えば、car（車）という単語があります。アメリカ英語では最後のrを、舌を大きく丸めて発音しなくてはなりません。ですが、イギリス英語で car という発音は、日本語の「カー」とほぼ同じです。舌を丸める必要はまったくなく、「カ」と発声した後、そのまま伸ばせばいいだけです。

🔊 同じことが、here や near、hair などにも言えます。here は日本語のように「ヒアー」と言えばいいですし、near も「ニアー」そして hair も「ヘアー」と日本語のまま発音するので OK

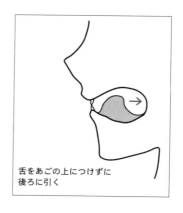

舌をあごの上につけずに
後ろに引く

108

です。むしろ、無理に舌を巻いてしまうと逆に通じないほどです。

　このように、多くの日本人がコンプレックスを抱えている英語の発音ですが、イギリス英語のマネをしてみると意外にそのコンプレックスが軽減されることに気づかされます。今までイギリス英語に触れることがなかった人たちは是非イギリス英語を意識的に聞いてみるようにしてみてください。そして聞こえてきたままをマネしてみてください。アメリカ英語より聞きやすくまた発音しやすいと感じるはずです。そう感じたら、「私はイギリス発音で英語を話す」と決めて、どんどん口から出す練習をしていくといいです。

　また、イギリス英語は日本人にとって発音しやすいアクセントというだけではなく、アメリカ英語に比べて洗練された上品なイメージがあるので、イギリス英語が話せるようになるとそういったイメージを自分自身にも持ってもらえるようになる、というおまけのメリットもあります。

4. 思い込みが邪魔を仕掛ける国別英語
（オーストラリア都心部）

　アメリカ英語とイギリス英語の特徴やメリットがわかったところで、「では、オーストラリア英語は一体どうなの？」と思われる方もいらっしゃるかもしれません。一般的にオーストラリ

アに行ったことのない人からしたら、オーストラリア英語は「訛りが強そう」「田舎くさい印象」というイメージを持たれているのではと思います。留学先を決める際、国やその国の主要都市自体には興味があっても「せっかく行くならきれいな英語を身につけたい」という理由でオーストラリアやニュージーランドが敬遠されることもある程です。

　私自身も高校卒業後の進路を考えて留学すると決めた時、どこの国に行こうか色々調べていたのですが、候補先の中にオーストラリアがありました。アメリカのように治安も悪くないし、太陽の国というイメージで伸び伸びと留学生活を送ることができそうだと思いました。が、最終的に留学先として選んだのはカナダでした。オーストラリアを候補から外した一番の理由は「英語が訛っていそう」という理由でした。オーストラリアに行ったことがなかったにもかかわらず、そういったイメージだけで判断をしていました。

　ですが、実際に大人になってオーストラリアに住んでみて思ったことは、「オーストラリア英語は意外にきれいで聞き取りやすい」ということでした。私は、オーストラリアのシドニー、メルボルン、パースに住んだことがありますが、どの地域もきれいで聞き取りやすい英語が話されていました。

　もちろんオーストラリア独特の表現はありますし、他の国と比べて多少のアクセントの違いはあります。そしてやはり都心部から離れた田舎の方で話されている英語はオーストラリア訛りが強く、聞き取りづらさもあります。ですが、都市部で話されている英語はオーストラリアであってもクリアできれいな英語が話されています。実際に住んでみて「オーストラリア英語は

訛っている」という今まで持っていた思い込みが見事に覆されました。

　内陸の田舎の方に行くと、住人はほぼほぼその土地で生まれ育ったオーストラリア人になりますが、都市部に行けば行くほど多種多様な人種や国籍の人たちが住んでいます。

　マーサー・ヒューマン・リソース・コンサルティングが発表している2019年のクオリティ・オブ・リビング都市ランキングでは、オーストラリアの3都市が上位にランキングしています。世界231都市中、シドニー（11位）、メルボルン（17位）、パース（21位）でオーストラリアの都市は世界の各都市と比べても住みやすい都市だということがわかります。

　このように世界中から「住みたい都市」として人気の都市がいくつもあるオーストラリアの都市部には、オーストラリア人だけでなく外国人も本当にたくさん住んでいます。これが意味するのは、オーストラリアに住んでいると触れるのはオーストラリア英語だけではない、ということです。

　世界的に人気の都市だけあって、富裕層も沢山海外から移住してきます。富裕層は英語教育をしっかり受けている人たちが多いので彼らの英語もまたきれいです。そういった人たちが多く集まるオーストラリア都市部は、「田舎くさそう」「訛りが強そう」といった固定概念をいい意味で打ち砕いてくれる場所です。

5. 今の私が学ぶ英語は、どの国？
その理由

　ファイブアイズの5か国で合計10年間住み、日本に住んでいた時も併せてこれまで色んな国や地域の英語と触れてきました。そんな私が今最も興味を持ってその国からもっと学びたいと思っている国があります。それは、ズバリいうと「カナダ」です。

　なぜカナダに興味を持っているかというと、まずは、人間の成長を表す「ステージ理論」というものを説明しなくてはなりません。「ステージ理論」とは、人の成長段階を示す指標が8段階あり、それぞれの段階をクリアしてステージを上げていくことで成長していくという理論です。

　最初に各ステージを簡単に説明すると、ステージ1は「本能」のステージで、0歳〜4歳の赤ちゃんのステージです。そして、ステージ2は「依存」のステージ。5歳〜9歳の頃の親に依存しているステージです。そして、ステージ3は「反抗期」のステージで10歳〜20歳の頃です。続いてステージ4は、「調和」のステージ。社会人として社会と調和をしながら成長するステージです。日本は社会全体としてこのステージにいるといわれています。そしてその上のステージ5は、経済的自立をし、地位・名誉・権力といった物質的な欲求を満たしていくステージを言います。起業家精神が発達しているアメリカがこのステージだと言われています。そしてステージ6は、経済的自立や地位・名誉

などを得た人が次なる成長として目指す、社会貢献のステージとなります。北欧やカナダがこのステージだと言われています。なお、ステージ7は悟りのステージ、そして最後のステージ8は神のステージなのだそうです。

　一気にステージ理論を説明しましたが、何が言いたいかというと、**ファイブアイズの5か国の中で社会として一番発展している国は、ステージ理論から見てもカナダだということです。**ステージ理論からすると、アメリカよりも先を行っています。国として「精神的に成熟している」ということです。

　ステージ4の日本を基軸にして、ステージ5のアメリカは25年先、そしてステージ6のカナダは50年先を行っていると言われています。なので、そういった国や国民からもっと多くのことを学びたいと思っているのです。そういった意味でも、カナダをアメリカの付属のような捉え方をするのではなく、アメリカよりも更に上のステージの国だと注目し、その国で話されている英語にも意識を向けて情報を取っていく必要があると思っています。

　ちなみに、カナダとアメリカはアクセントがほとんど同じだと思われがちですが、大きく違うところがあります。ここに注目すると一発でカナダ人かどうかを見分けることができますので豆知識として紹介します。

　では、どこに注目すればいいかというと、それは語尾です。日本語の「〜ですよね？」にあたる英語の表現がカナダでは、〜, eh?となります。ehの部分の発音は「エイ」となって、語尾は上がります。語尾を下げて発音するとニュージーランド英語になるので注意が必要です。

アメリカ人は「〜ですよね？」に当たる部分を〜, eh?とは言いません。なので、アメリカ人がカナダアクセントを例に出す時は必ずと言っていい程この"〜, eh?"というのを例に出します。これは簡単にアメリカ人とカナダ人を見分ける方法ですので、もし新しく知り合った外国人が「〜ですよね？」という意味で"〜, eh?"と言っていたら Are you Canadian? と聞いてみてください。わかってくれたことに喜んで、それをきっかけに仲良くなれると思います。カナダ人はアメリカ人と間違われることが多いので、カナダ人だとわかってくれるだけで嬉しいのです。

6. ファイブアイズで最後に使われるのは、この国の英語

　国のデータのある部分を見ると、今後その国が経済的に成長していくのか、停滞するのか、はたまた衰退していくのかがわかります。それは何かというと「人口」です。「人口」とは一言で言い換えると労働力です。労働力が減少している国はお金を生み出す能力が減っているのと同じだからです。

　日本は年々人口が減少していて危機的な状況ですが、そうならないように人口を増やす政策をうまく実施しているのがアメリカです。移民政策を戦略的に取り入れているのです。次ページののグラフからもわかるとおり、アメリカはどの先進国の中でもバランスよく年々人口が増えていく予測となっています。

このように将来的に人口が安定して増え続ける国は、今後も経済が発展していく国だといえます。そうなるとその国とのビジネスも成長し続けるということになります。アメリカ以外の国々も移民政策を取っていますがアメリカほど安定的に人口が増えていく予測の国はありません。そういう観点で見ても、**ファイブアイズの5か国で最後に生き残っていくのはやはりアメリカだ**ということになります。

　今も世界の経済の中心であるアメリカは、今後この先もずっとその地位は変わらないという予測です。なので、それを知っている私たちは意識的にアメリカ英語を通してアメリカの情報に積極的に触れるようにしていなくてはなりません。それによって受けるメリットは計り知れないからです。

ファイブアイズの国々と日本の人口推移予測（中位推計）

出典：国際連合「世界人口予測・2019 年版」

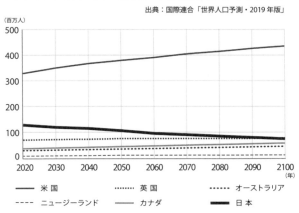

第 5 章

プライベート英語（日常会話）と
ビジネス英語の違い

両方とも身につけよう

1. 日常会話とビジネス英語の違い

　本屋さんに行って英語書籍の棚を見ると「日常会話」や「ビジネス英語」といった種類に分けられて本が置かれているのに気づきます。この「日常会話」と「ビジネス会話」とは具体的にどういった違いがあるのか、じっくり考えてみたことはありますか。

　「日常」と呼ばれるのだから、「日常会話」は普段朝起きてから寝るまでに使う表現が「日常会話」で、「ビジネス英語」は仕事の場面で使う、日常会話よりより礼儀正しく形式ばった表現が「ビジネス英語」なのでは？　と思われているのでは、と思います。はい、その通りです。

　ただし、誤解をしてほしくないのが、いざ仕事の時間になったら「ビジネス英語」だけを使い、会社の一歩外に出たら「日常会話」を使う、とくっきりはっきり分かれている訳ではない、ということです。

　英語を職場で使う人も、仕事上の相手との距離を縮めるために日常会話のような少しカジュアルな英語表現を使う必要もありますし、仕事環境でない場合でも、失礼のない表現が求められる場面に備えて、ビジネス英語で使われる丁寧な表現を身につけておくのはとてもよいことです。

2. 日常会話が難しい理由。 スラングと年代別フレーズ

　ビジネス英語をマスターするよりも、日常会話をマスターすることの方が実は難しいのをご存じでしょうか。こう聞くと、意外に思われるかもしれません。なぜなら、一般的に想像される英語を学ぶ順番としては、まず最初に日常会話から入って、ある程度自分の言葉で話せるようになってから、ビジネス会話に進むのでは、と思われているからです。でも実はそうではないのです。難易度からすると実は日常会話の方が数段上になります。それはなぜだと思いますか。

　理由は簡単です。ビジネス英語は言い回しがほぼほぼ決まっているのに対し、日常会話はジャンルの幅が広くスラングなども入ってくるので、よりネイティブに近いレベルでないとわからない事が多いからです。

　私たちが英語を学ぶにあたり、この「スラング」が結構ネックになる事があります。それは、スラングは学校では学ばないからです。スラングとはいわゆる「俗語」と言われるもので、10代や20代の若い人たちを中心に使われるその時に流行っている流行り言葉であったり、下品な意味合いを持つ言葉であったり、差別用語であったり、とマイナスなイメージになるものが多く、親しみを込めるがゆえにぞんざいな印象を受けてしまう言葉が多く含まれます。なので、30代以上の大人はあまり積極的に使いません。

ですが、スラングを使うとコミュニケーションがよりいきいきとするため海外ドラマや映画、SNSでの投稿ではたくさん登場します。なので、「知らないと理解できない」のがスラングなのですが、**もし知っていたとしても、こういったスラングを外国人の私たちが使う際は注意しなくてはなりません。**覚えたからといって、早速ネイティブに使ってみようと試そうとすると、ぎょっとされてしまう可能性があるからです。

　これは、日本語で考えてみるとわかります。例えば、ビジネスで日本語で取引をしている外国人と会話をしていて「マジですか？」「それヤバいですね」「ドン引きです」と言われたらどうですか。いくら日本語自体が丁寧語で、見た目がバリバリのビジネスマンであっても、使っている言葉がスラングであれば品位が下がってしまいますよね。

　なのでスラングは初心者にはハードルが高いのです。どういったシチュエーションで、どんなニュアンスで使われているのかをしっかり理解した上で使わないと、自分の品位を下げてしまうことになりかねないからです。特に30代以上の大人は要注意です。

　では、「どんなスラングなら使ってもよいのですか？」と思われる方もいらっしゃるかと思いますので、外国人であり大人の私たちでも問題なく使える英語スラングを少しご紹介したいと思います。

● 挨拶スラング

🔊 **Hey!**

Hi! の代わりに一番最初に使います。仲のよい友達同士で使います。ビジネスや目上の人には使いません。

How's it going?

How are you? より少しくだけた表現です。親しい間柄で使います。

How're things?

(最近)どう？　という意味で、How's it going? と似た表現です。

● 書きスラング

会話だけでなくSNSを代表するインターネット上での書き込みや携帯電話のアプリ上で送るテキストメッセージにもスラングが使われることが多いです。特に**略語が多い**のが特徴です。

LOL

一番よく使われる書きスラングです。Laughing Out Loudの略で、日本語でいう「笑」の意味で使われます。

OMG

Oh, My God! の略です。想像を超えた驚きの時に使います。

I C

I see. の略です。「そうなんですね」や「わかりました」といった時に使います。

これらは相手に直接不快感を与える意味を持つものではないですが、相手との関係性ができている場合に使わないと品位を疑われる事になりますのでその辺りを注意して使ってみてください。**相手が使ってきたらこちらも使ってOKだ、と思うとよいでしょう。**

3. プライベートでは、 「定型が先、スラングは後」

スラングは「崩し言葉」とも言えます。崩すためには、ベースができていて初めて「崩す」ことが可能となります。基礎の部分ができていないのに崩すのは難しいからです。この基本ベースがないと、いくらスラングを使っても、単語を並べただけではかっこつきません。言えばいいというものではないからです。

そもそもスラングとはある意味かっこつけるために使われる言葉で、流行り言葉であったり、若者言葉としての意味合いが強いものです。特に若者の場合、仲間からかっこいい、オシャレだと思われるために使いますので、時代とともに新しいスラングが生まれ、そして廃れていきます。日本語と同じです。

こういった理由で、定型文を学ぶよりスラングを身につける方が難しいです。いくら**スラング集が書籍になっていてそこに書かれているスラングを覚えたとしても、すぐにネイティブとの会話で使いこなせるものではありません。**使われるシチュエ

ーションやニュアンスを理解していないと上手く使えないからです。だから教科書には出てきません。逆に言うと、**会話の中でしか覚えられない**、ということです。

　一方、**英語の定型文は中学校や英会話スクールのレッスン、また、書籍や新聞を通してでも身につけることができます。**スラングは会話の中でしか覚えられないため、逆に言うと、一人では身につけることができません。人とのコミュニケーションの中、会話をする中でしか身につかないものです。

　特に海外の映画やテレビを見ているとスラングがたくさん出てきますが、映画やテレビはノンネイティブ向けにゆっくり話してくれる訳ではなく、スピードも速く使われるスラングの種類や量も多いので、英語の基本レベルが高い人でないとたどり着けない領域です。

　特に英語でのスラングに触れる機会が増えてくると、気づくことがあります。それは、スラングに含まれている人を卑下する言葉の日米差です。

　日本語のスラングの中にも相手を卑下する時に使うものがあります。例えば「バカ」「ボケ」などです。英語にも同様の言葉がありますが、英語は相手本人を卑下する言葉よりも相手の家族を卑下する言葉がよく使われることに驚かされます。**英語圏は、家族を大切にする文化なので、自分のことよりも家族の悪口を言われるとより頭にきます。**なので、そういった言葉がスラングになっているのです。

　こういった英語のスラングを日本語に直訳したとしても、日本人の私たちの表現とは違うのでいまいちピンとこないかもしれません。ピンとこないと軽く使ってしまうおそれがあります。

悪気はないとしても、その重みを実感することなく使ってしまうのは危険なので、まずは無闇に使わないことが大切です。が、「今使いたい！」という、ここぞという場面に遭遇したのであれば、相手がどんな反応をするのかを重々知った上で使うことをお勧めします。

4. 3つのフレーズだけを覚えれば ビジネスはスタートできる

　英語である程度意思疎通ができるようになったら、次に多くの人に芽生える願望は「英語を使って仕事をしたい」という思いです。ただ、仕事で英語を使ったことのない人にとっては「私なんかにできるのかな」と不安になることが多いようです。実際私もそうでした。

　誰でも最初は経験がありません。もし経験がなくても英語力を認められてチャンスを与えられたのであれば、**自信がなかったとしても、迷うことなくそのチャンスを掴んでほしいと思い**ます。できるか、できないかは二の次です。まずは**経験と実績を得ることを最優先**に考えます。そこをクリアすると次への扉は自然に開かれていきます。

　そして英語を使って仕事をする事にチャレンジする事になった人にぜひ知ってもらいたいのが「ビジネスで英語を使うには、**たった3つだけ押さえておけばよい**」という事です。これさえ押

さえておけば、とりあえず形になります。それは何かというと「挨拶」「相槌」「終わりの言葉」です。

　仕事で初めて英語を使うとなると、まずは挨拶することから始まります。どのような第一印象を与えるかによってその後の自分の立ち位置に影響しますので、ここはとても重要なところです。

　英語圏では日本のように自分を謙る表現はしません。ましてや「お世話になります」「よろしくお願いします」など、相手に何かをしてもらう事を挨拶の時に依頼するようなことは決してしません。なので、**挨拶を日本語的な発想で英語に訳そうとしてしまうと失敗してしまいます。**多くの日本人は外国人と初めて接する時、「『お世話になります』って英語で何て言うんだっけ？」と考えてしまいがちですが、そういうふうに考えて相手に接しているとスタート地点からマウントを取られてしまいます。

　初めて挨拶をする際は堂々とMy name is ○○. Nice to meet you.と言えばいいのです。これで「よろしくお願いします」を兼ねています。

　次に「相槌」ですが、日本語には相槌のバリエーションがあまりありません。なので、ついついYes.を連発してしまいがちですが、**英語には同じ単語を繰り返し使うのを嫌がる文化があります。**なので、Yes.ばかり言うのではなく、何種類か違う言い方を持っておくとよいです。

　例えば、SureやNo problem、Certainlyなどです。このように同じ「はい、わかりました」という表現でも色々あります。特に気をつけたいのが、日本人でよくYes, yes, yesと「イエス」を連呼する人がいます。No, no, no, noもよく聞きます。「イエ

ス」を連呼する人は、「言われた事を理解していますよ」ということを伝えるために何度も言ってしまっているのだと思いますが、これは残念ながら客観的に聞いていると少し失礼に聞こえてしまいます。でも、そんなつもりはないと思うのです。なので、そういった印象を与えてしまってはとてももったいないので、身に覚えがある方は今後意識するとよいでしょう。

　次に「終わりの言葉」です。もしも仕事の過程で思った通りにいかなかった場面があったとしても、最後をスマートに締め括ることができれば挽回できます。文化が違うと最後のお別れの挨拶も異なってくるので、ここでも日本語の感覚は一旦捨てて「英語にはどんな表現があるのかな？」と自分なりのストックをいくつか持っておくとよいです。そしてそれが自然と出てくるようにしておきます。

　例えば「終わりの言葉」としては、It was nice meeting you.（お会いできてよかったです）とか We'll get back to you as soon as possible.（なるべく早くご連絡いたします）などです。想定しうるシチュエーションごとにいくつか用意しておくと便利でしょう。

　上記は、仕事で英語を使う場面での「会話」を想定していますが、職場で英語を使うのは会話だけではなく「メール」もあるかと思います。メールにも英語圏ならではの「挨拶」と「終わりの言葉」があります。

　よく外国人から、「日本人のメールって必ず最初に名前を名乗るよね。**もうすでに知っているのに変な感じがする**」と言われます。日本のビジネスメールでは、「お世話になります。○○社の△△です。」といった定型文があります。これにならって英文メ

ールでも同じように始めようとすると、相手に違和感を与えてしまいます。

「お世話になります」の部分は、Hope this email finds you well. などにし、その後は名乗らずにいきなり本題に入るのが普通です。また「終わりの言葉」も日本語の締めの言葉としてよく使われる「以上、よろしくお願い申し上げます」をそのまま英語にしてしまうと、とても違和感があるので、Best regards, などにするのが一般的です。

これらを使うだけで、グッとビジネスの英文メールらしくなるので、知っておくと便利です。

5. ビジネス英語は使う単語が決まっている。繰り返しでマスター

ビジネス英語は難しい、と思われがちですが、実はそんなことはない、とお話ししました。日常会話の方がよっぽど難しいですが、ビジネス英語が日常会話より簡単なのは、「**ビジネス英語は使う単語や表現がワンパターン**」だからです。これは日本語でも同じですよね。

例えば、転職をしたり部署異動をしたりした時の事を思い出してください。日本語であったとしても、最初の1年はその仕事で使われる用語を覚えるのに精一杯です。1年経ってようやく新しく学んだ言葉が自分でも自然に使えるようになってきて新人

社員にも教えられるようにまでなってきます。

　用語は業界や会社、部署が変わればそれに合わせて変わってきますが、挨拶や問い合わせ、リクエストをする時などの表現は、業界や会社が変わっても基本同じです。なので、使えば使うほどその表現が身につき、自然と出てくるようになっていきます。これは英語でももちろん同じです。**一年もあれば一通りの表現に触れることができるので、一般的なビジネス英語は十分マスターできます。** 思ったほど範囲は広くありません。後は繰り返して、会社や部署に特有の言葉を覚えていくのみです。

6. 英語にも敬語がある。
相手を尊敬するビジネス用語活用法

　皆さんもご存じのとおり、日本語には敬語があります。相手を敬い自分より相手のレベルを上げる単語を選んで話す尊敬表現を日常的に用いています。自分を謙り相手よりレベルを下げた単語を選んで話をする事により、実質的に相手を持ち上げる謙譲語もあります。

　こういった単語による言葉の明確な使い分けは英語にはありません。もともと英語圏はフラットな関係が主流だからです。なので、「英語には敬語がない」と思われている方が大半かと思います。

　ですが、やはり**英語であっても、相手を敬う表現はあります。**

128

特にビジネス英語ではそういった表現がよく出てきます。逆に「英語には敬語がないんでしょ。みんなトモダチだよね」という感覚で話をすると、ビジネスマンとしての品格を疑われてしまいます。

　基本は、年齢が違っていても、学校や職場であっても、多少の上下関係はあったとしても、英語圏は日本よりよっぽどフラットな関係です。ですが、カスタマーサービスなどきちんとお客様と接するお仕事の方は、とても丁寧で相手を敬う英語を話しますから、すぐに違いがわかります。敬語の文化を持つ私たち日本人は、こうした気づかいは得意なはずなので、英語を話す時も、ぜひ相手に敬意を示す丁寧な表現ができるようにしたいものです。

　とはいえ、日本のように上司を奉る必要はありません。基本は、「初めて接する人に対して丁寧な話し方をする」と考えればよいです。逆にもう何度も会っているのに、日本語のようにずっと敬語を使い続ける感覚で丁寧な英語で話し続けると、距離を感じさせてしまい逆効果です。

　では、実際にどのようにしたら英語で敬語のように丁寧に話ができるかというと、これには意外に簡単なルールがあります。それは、「長ければ長いほど丁寧になる」というルールです。「この単語を使えば」というよりも「長く表現すれば」というふうに考えるとよいです。

　例を挙げてみます。例えば「窓を開けてもらえませんか？」と言いたいとします。これをそのまま英語にすると Can you open the window? となります。これを基準として、少しずつ表現を追加して長くしていきます。

Can you open the window?

Could you open the window?

Could you please open the window?

Could you please open the window for me?

　こんな感じです。使っている単語はいたって基本的な単語ば
かりです。ですが、長く表現する事によって遠回しな表現にな
り丁寧な響きを持ちます。これは日本語も同じですね。
　こんな感じで、特に初めて会う人にはこのように丁寧な言葉
遣いを心がけるだけで相手への敬意を表現できます。「英語でも
敬語を話したい」と思われたら、このルールを知っておけば大丈
夫です。

第6章

ビジネス英語をマスターし、
日常会話に転換する方法

カンタン上達法

1. ビジネス英語は、日常会話に重なる
フレーズからマスター

　ビジネス英語の方が日常会話より簡単だ、という話をずっとしてきていますが、「そもそもビジネス英語がどんなものかわからないのですが」と思われている方もいらっしゃるかもしれません。仕事で英語を使う環境にない方はビジネス英語に触れる機会がないので、ビジネス英語が逆に遠い存在のように感じている方もいらっしゃるかと思います。そういった方のために、まずは**ビジネス英語をマスターする簡単な方法を説明します**。

　英語を勉強している方であれば、学校で習ってきたような簡単な日常表現をそれなりに知っていると思います。ビジネス英語はスラングのように流行があるわけでもなく、年代によって使われる・使われないがある訳ではないので、スタンダードな日常会話表現の中で、「これは日本語で考えても仕事でも使うよね」といった表現を使えて覚えていけばいいでしょう。**ビジネス英語という枠で見た時、日常会話と重なっている部分を探してみて、そこから始めればよいのです**。ビジネス英語と日常会話の交差点みたいなところを探す。まさに交差点ワードです。イメージが湧きやすいように具体例を挙げてみましょう。

　例えば、「おはよう」という挨拶は会社でも家でも使いますよね。日本語では、家では「おはよう」会社では「おはようございます」のように丁寧さのレベルに違いはあるとはいえ、意味は同じです。他にも例えば「宿題できた？」と家で言うとします。これ

を仕事で言うとしたら、「報告書はできましたか？」となります。家で使う単語を職場で使う単語に入れ換えればいいだけです。

　このように、日常会話で出てくる表現でビジネスの場面でも使える表現はたくさんあります。**その重なり合っている部分を見つけて、単語だけ仕事で使われるものに置き換えていけばビジネス英語が使えるようになっていきます。**こんな感じで考えていけば、「ビジネス英語って難しいんじゃ……」と思っていた人でも、意外にそんなに難しくない事がわかっていただけるのではないかと思います。簡単なところから始めるのでいいのです。「ビジネス英語」という響きだけで高尚なイメージがありますが、もっと気楽に考えてかまいません。

　よく「日常会話はできますがビジネス英語はできません」という方がいらっしゃいます。でも、私からしてみれば「日常会話ができるのであれば、ビジネス英語もできますよ」ということになります。日常会話は幅広いですがビジネス英語は至ってシンプルだからです。効率よくストレートに相手に伝えないといけない分、わかりやすいのです。

　もちろん、日常では出てこないような専門用語も、仕事では出てきます。でもそれも、自分の仕事の分野や専門分野であれば、背景知識は頭に入っているはずです。それを英語に置き換えるだけなので、まったく知らない未知の言語を一から覚えるよりはよっぽど楽ですし、興味がある分野なので記憶への定着度合いが全然違います。

　もし「ビジネス英語」というだけで二の足を踏んでしまっているとしたら、一度日常会話から自分の仕事の場面に置き換えていって交差点ワードを探してみてください。

2. まずは1日を完結させる。終わりが見えれば繰り返せる

　突然ですが、朝起きてまず何をしますか。「まだ寝たい……」という一言から始まるのか、パッと目を覚まして「おはよう」と誰かにいう一言から始まるのか。あなたの場合はどうですか。ちなみに私は、「さっ、窓開けよう」です。

　先ほど、日常会話の中から仕事でも使う表現の交差点を探してビジネス英語をマスターするお話しをしました。ここではその過程をもう少し詳しく見て行きます。

　まずは、朝起きてから寝るまでの表現を考えていきます。最初は日本語でいいので書き出してみましょう。なるべく細かくリストアップして、そしてそれを英語にしてみます。その時に、これは仕事でも使えそうだな、と思った表現が、ビジネス英語になります。

　ただここで注意しないといけない事が一つあります。それは**「日本語にはあっても英語にはない表現がある」**という事です。日本と英語圏ではそもそも文化が違います。なので、文化背景によって同じシチュエーションでも表現がまったく異なる場合があります。例えば、日本語の挨拶である「お疲れさま」や「よろしくお願いします」がよい例です。これらの日本語はそのまま英語にしても相手に意味が伝わりません。なので、日本語と英語を対訳として持っておけばよい訳ではないので、そこだけは注意してください。

それ以外は、朝起きてから夜寝るまでを英語で表現できるようになれば、後はそれを繰り返せばいいだけです。同じシチュエーションになった時にパッと口から出てくるように、何度も練習しましょう。1日の表現ができるようになれば、大体の事は表現できます。それ以外の突発的なことはその都度考えればよいのです。そしてその度に追加していけば、どんどん表現が増えていきます。その過程を何度となく繰り返す事で英語が口から出てくる自分になっていきます。

3. 英語を使う環境がなくても ビジネス英語を始める

　仕事の場面で使うであろう英語表現がわかったとしても、「それを使う環境がないと意味ないですよね」とおっしゃる方もいらっしゃるかもしれません。事実、今は仕事でも日常生活でも、英語を使う環境がないかもしれません。**それでも、ビジネス英語を始めるのです。**

　なぜなら、今英語を使う環境がないのであれば、作ればいいだけだからです。単純明快です。「英語を使えるようになりたい」と思うのであれば、簡単な表現からでいいのでビジネス英語で使われるような表現をできるようにしておく。そして、その次はそれを使える環境を自分で手に入れるのです。実践する環境は自分で作ればいいのです。そのための方法をいくつか紹介し

ます。

　本当に英語を使えるようになりたいのであれば、近所に住んでいる外国人と友達になるような方法ではなく、実際に仕事が絡む環境がベターです。仕事では見えない強制力が働くので、急速に英語力が伸びます。この方法は真剣に英語力を伸ばしたい人にはとてもオススメです。とはいえ「英語がまだできる訳ではないのにいきなり仕事は難しいのでは」とおっしゃる方もいらっしゃると思いますので、そういった方にはボランティアをオススメします。

　私自身も昔はボランティアを通して英語に慣れるようにしていました。例えば、自分が住む街の国際交流センターや国際ボランティア団体とつながってイベントの度にお手伝いをしたりしました。英語を使わない裏方の仕事も多々あったりしましたが、それでも同じ志を持っている日本人とのつながりを持つという意味で、普段知り合うことのできない人たちと情報交換ができたりもします。そこから別の国際ボランティア団体のイベントにお声がけいただく事に繋がっていったりもします。

　ネットで探せば英語を使ってボランティア活動をしている団体がたくさんあります。今は、実際にどこかに行ってボランティアをするというもののほかに、オンラインでボランティアをする、というものもたくさんあります。オンラインなので、繋がっている向こう側は日本だけではなく海外ということもあります。ボランティアの対象は日本にいる外国人だけではないのです。オンラインでボランティアができるとなると、可能性は無限大です。

　そしてこういった時にも使えるのが「ビジネス英語」です。ま

ずはボランティアから始めて、英語に慣れてきたところで、自信や実績をつけて、少しずつ有償のお仕事にシフトしていくようにしましょう。翻訳でも何でもかまいません。始めやすいものから始めて、経験を重ねる過程で英語をどんどん身につけていきましょう。私自身もこれと同じ過程で経験を積み重ねて行き、その次に実際に英語での仕事を徐々に経験する中で英語力を飛躍的にアップさせていくことができました。

ボランティアは無償なので軽く感じられる方もいらっしゃるかもしれませんが、ご近所の外国人と英会話の練習をするのとは訳が違います。**無償とは言え責任が伴う**からです。仕事と同じです。責任が伴えば、そこから逃れることができません。英語で伝えることに強制力が働きます。この強制力が働く環境を自分で作って、そしてその環境をうまく利用すると英語力をアップさせることができるのです。

4. 初心者が英字新聞を読んではいけない理由

まずは手を止めて、そばにある新聞を手に取って見てください。新聞が手元にない方は、インターネットで新聞記事を何でもいいので表示させてみてください。そして1行選んでください。それをそのまま、台所でお味噌汁を作っている家族に向かって、声を出して読んでみましょう。どうですか。どんなリアクショ

ンでしたか。恐らく「どうしたの。熱でもあるの？」と心配され
たか、スルーされたかと思います。

　これは英語でも同じです。新聞に書かれてあるものを、正し
い英語だからとそのまま使うと、ネイティブから「どうしたの。
熱でもあるの？」と心配されて終わり、ということです。なぜで
しょうか。

　理由はシンプルで、新聞は会話ではないからです。日本語と同
じで英語も話し言葉と書き言葉があります。**新聞は完全に書き
言葉です。**そこで使われている表現をそのまま使ってしまうと、
文語調になってしまってとても畏まった印象になってしまいま
す。

　それでも英語を読む練習をしたい方もいらっしゃると思いま
すので、オススメをご紹介します。英語を読むのであれば、子
どもの絵本がちょうどいいでしょう。絵本といってもあなどれ
ません。いろんな表現が含まれているので知らない単語も出て
くるはずです。私たちは大人なので、どうしても大人の読み物
に触れたいと思ってしまうのですが、実際に使う場面を考えて
教材を選ばなければなりません。**新聞は会話では使わない畏ま
った文章が入っているので、英会話でマネをする目的としては
適していない教材**となります。

　一方、絵本は子ども向けの読み物ですが、日常的に使う表現が
ふんだんに盛り込まれています。感情表現もたくさん出てきま
す。日本語と英語の違いの一つともいえますが、英語圏の方は
皆この感情表現がとても豊かです。私たち日本人はあまり感情
を表に出さないので、英語で会話をする際、感情表現をどのよ
うに表現したらよいかわからなくあることもあります。ですが、

感情表現がないと会話にはならないと言っても過言ではないくらい、英語では重要です。そういった表現を英語で言えるようになりたい人には、絵本は大人の私たちにとっても適している教材といえます。

　もう一つ初心者が英字新聞を読んではいけない理由を挙げるとすれば「**英字新聞の見出しが混乱を招くから**」という理由があります。英字新聞の見出しには付け方に特殊なルールがあります。一番大きなところでいうと、時制です。過去のことは現在形を使います。未来のことはto不定詞で表現します。その他にはbe動詞が省略されるというルールもあります。

　こういった理由で、英語にまだ慣れていない人が背伸びをして英字新聞を読もうとすると、今まで知っている知識とは異なるので戸惑ってしまうのです。英字新聞はある程度、英語の基礎がきっちりとできてから読むことをオススメします。

5. ビジネス英語は絶対文章。
それが会話力を10倍伸ばす方法

　英語初心者は英字新聞を読んではいけない理由をお話ししました。なのに「ビジネス英語は絶対文章、ってどういうこと？」と思われた方もいらっしゃるかもしれません。理由を説明します。

　英語は日本語と違って、単語と単語がくっついたり、音が消

えたりして発音されます。なので、会話で音だけを聞いていると
とそこがわかりにくいのです。何と何がくっついていて何が消えているのかが見えないからです。ですが、**文章を見るとそれが全部載っているので目で見て確認することができます。**

　ただ、この時もあまり背伸びをせずに子ども向けの小説やマンガなど普段使われている表現が豊富なものを選ぶとよいでしょう。活字が苦手な人が日本語でも本を読めないのと同じで、日頃から英文を見慣れていないと、たくさんの言葉が飛び込んできて尻込みしてしまいます。

　なので、最初からかっこつけて英字新聞や、分厚い辞書みたいな小説を読もうとするのはNGです。まずは、イラストがあるような、子どもが読むものを選びましょう。まずは単語を拾い読みするだけでもかまいません。そこから2つ3つと単語を合わせてフレーズがわかるようになっていく、最初はそんな感じで進めればOKです。読みながら、日本語との違いを感じてみましょう。日本語と違って英語には必ず主語が必要ですが、自分のことでもI（私は）を使わないことも多いので、そういった違いを楽しみながら見つけつつ英語らしい表現にたくさん触れていくと、自分が発する英語が自然なものとなっていきます。

　このように、テーマを決めて意識的に目で確認しながら読み進めましょう。ただ文字を目で追うだけではなく、自分でも使えそうなものとそうでないものをじっくり噛み締める感じでインプットしていきます。「こんな表現をするんだ」「これは使えそう」「今度使ってみよう」という具合に、単語や表現を自分なりに厳選することによって、より自分の英語として沁み込んで行きます。ただ英文に触れるだけではなく、自分ごととして捉

えることが一番です。そこから職場で使えそうな表現、ビジネス英語につなげて行けばよいのです。

6. 思ったことは口に出そう。
言葉にした人が場を支配する

　カナダに留学していた時の話です。クラスメイトの台湾人が、覚えたての日本語を何回も何回も言っているのを見てとても驚いたのを覚えています。本当にいろんな人に言っていました。そして、何度も口にしているので、本当に早く覚えていきました。これは能力以前のもので、これだけ口にしたら覚えるしかないだろう、というレベルです。彼から学んだことは「**短くてもいいので新しい言葉を覚えた瞬間からずっと口に出す**」です。

　学んだことをすぐに口に出す際に、覚えておかないといけないことがあります。それは「気にしない」ということです。多少間違えたとしてもそのまま話す。もし間違えていたとしても、話して行くうちに何か違うと気づきます。同じ言葉を使っている人の会話の中で覚えていくからです。そして聞いたらちゃんと自分も言っていく。どんどん口に出して、自分の言葉にするのが大切です。10回や20回など、それくらい何回も聞かないと新しい単語や表現は身につきません。この時、一人の人ばかりに言うと迷惑がられてしまうので、覚えたての言葉を100人に言うといいでしょう。こちらは何回も言っていたとしても、相手

にとっては初めてなので気にしなくて大丈夫です。

　それから、口に出していくときに、やってみるとよい方法があります。これは、日本語にはあまり言われないのですが、英語圏でよく耳にする学習方法で、面白いと思ったものなので紹介します。それは「今言われたことをそのまま繰り返す」ということです。

　例えば、何か質問をされたとします。その際ただ単に答えだけを答えるのではなく、まず一旦自分で聞かれた質問を言ってみるのです。その後答えます。例を挙げてみます。「今日ご飯何食べた？」と聞かれたとして、「今日ご飯何食べたかって？　うーん、そうだね。」と、質問されたことを自分の中で一度繰り返します。そして「ピザを食べたよ」と答えます。このように、相手の質問を繰り返すことによって、相手の質問を確認することもできますし、長く話すことによって流暢感も出ます。何より英語を口から出す練習になります。

　明確な答えがあるものに対する質問ならいいのですが、日本人によくありがちなのは、答えを考え込んでしまい「うーん」と言って何も言わない。そうなると、沈黙に耐えられない外国人はまた話し始めてしまい、こちらが話すチャンスがどんどん少なくなってしまします。すぐに答えが見つからないのであれば、場をつなげる意味でも、そして会話のボールを渡さないためにも、聞かれたことをそのままオウム返しをして聞いてから答えたり、質問でなくとも相手が言ったことを繰り返し言葉にしてそこから自分の言葉につなげるのもよいでしょう。とにかく言葉にした人が場を支配します。

7. ビジネス英語はできるがプライベート英語ができない日本人

　これまで「ビジネス英語は日常会話より簡単だ」ということをいろんな角度でお話ししてきましたが、その証拠に仕事では流暢に英語を話すのに、いざ食事の席で家族や趣味などのようなプライベートな話題になると、急に会話がたどたどしくなってしまう日本人を多く見てきました。

　仕事で使う英語に関しては、他の人が使っている表現などに触れることもできるので、そこから学んで必要に応じて自分で積極的にインプットして行けばいいのですが、こと自分のこととなると、普段英語で表現する必要がないので、英語で何と話せばよいかわからないのです。

　なので、「仕事ではなんとか英語を使えるけど、プライベートな話になるとなかなか英語が出てこない」という人が多いのです。「まさにそうなんです」とこの本を読みながら頷いている方も多いのではないでしょうか。

　でも、安心してください。それはただ単に今まででプライベートな話をする場がなかったからで、そういった場が増えてくればくるほど話し相手がどう表現するかをインプットしたり、自分だったら何と表現するかなどを考えることができるようになります。**プライベート英語を話す場を意識的に増やしてアウトプットようにするとどんどん話せるようになっていきます。**

　ただし、仕事以外で外国人と接する機会がない人は、残念な

がらいつまでたってもプライベート英語は伸びません。ふだんから意識してそういった機会を増やすようにしていかなければなりません。とはいえ「そんな機会は探してもあまりない」という人もいるかもしれません。であれば、仕事を通じて知り合った外国人と仕事以外でも繋がってコンタクトを取るようにするのがお勧めです。

　日本人は休日に会社の人とプライベートで会うことはほとんどないのではと思います。でも、**外国人は休日でも家族ぐるみで家に呼び合ったりして、会社の人とふつうに顔を合わせています**。なので、もし職場に外国人が働いているのであれば、休日であっても家に招いたりするととても喜ばれますし、そこで仕事以外の会話がたくさんできます。お休みの時くらい仕事の事は考えずにリラックスしたいと思うのは外国人も同じなので、家族の話をしたり、旅行の話をしたりなど、ざっくばらんな話をするとよいです。

　もし職場に外国人がいないのであれば、ご近所さんに外国人家族が住んでいないか、子どもの友達で外国人の生徒はいないかなど、色々探すとよいでしょう。また、お住まいの地域に国際交流センターなどがあればそこに来ている外国人と交流を持つのもよいかと思います。

　「外国人と仕事以外でも交流したい」と意識し始めると、どんどんそういった情報が目に入ってくるようになります。仕事ではなんとか英語が話せても、プライベートでの英語に自信がない方は、そうやって場数を踏んでいけば必ず言いたい事を言えるようになっていきます。

あとがき
あなたも英語が好きになる方法あります

　英語を話せるようになりたいと思っている日本人はたくさんいます。そしてそのために、一生懸命文法を勉強したり単語を覚えたり、リスニング音声を聞いたりして努力をされています。でも、たくさん努力をしているのにもかかわらず、思った程身についていない人が多いのが現実です。

　英語や外国語を習得したかったら、まずはしないといけないことがあります。それは、まず「その国の文化や習慣を学べ」ということです。一般的に言われていることでもあり、この本でも何度も言いましたが、外国語はあくまでツールであり、手段です。手段だけ学んでも文化や習慣がわからないと意味がわからないことがあります。イメージしやすいようにたとえて言うならば、文化が「お父さん」で習慣が「お母さん」です。そして、言葉が「子どもたち」です。文化であるお父さんや、習慣であるお母さんの下に言語である子ども達がいる。まずは、お父さん・お母さんがあってこその子ども達なのです。お父さん・お母さんがいないところに子どもは存在しないのです。

　「英語を身につけたい」と思った時に目を向けがちなのが「文法」「語彙」「発音」などですが、そこに取り組もうとするとだんだん英語が嫌になって行きます。思うように習得できないからです。でも、言葉を覚えようとするのではなく、文化や習慣に目を向けてみてください。英語圏には日本にはない文化や習慣がたくさんあります。触れれば触れるほど「日本での常識って海外

では通じないんだ」ということがわかります。そして同時に「面白い！」「もっと知りたい！」と思うようになります。文化や習慣を知ったらもっともっと英語に興味が湧いて英語が好きになっていきます。その結果、英語を習得する過程が楽しくなるのです。

　国ひとつをとってもそうです。私が住んだファイブアイズの5か国はどこも公用語が英語ですが、カナダはフランス語も公用語ですし、ニュージーランドはマオリ語も公用語です。話されている言葉は同じといえども、一つとしてまったく同じ国はありません。そしてこれは言葉だけに留まりません。その国に住む人々や街や、それぞれにまた違う文化や習慣があって、その文化や習慣にはその成り立ちの背景があります。そう考えると本当に面白くて楽しくなります。

　こう考えると、英語を身につける過程が楽しく思えませんか。あなたも英語が好きになる方法があるんです。好きになったらあとは勝手にどんどん身についていきます。

◉著者　塩貝 香織

英語圏主要5か国に計10年間滞在し、アップル、トヨタ、AIGなどグローバルカンパニーに勤務。帰国後は英語力やTOEIC®のスコアを上げるためのオンラインスクールを運営。日本はもちろんアジアや欧州各国の生徒に対し、英語力アップだけにとどまらず、その後の転職やキャリアアップまで幅広くサポートしている。2021年東京オリンピックでは、各国オリンピック委員会・地方自治体・内閣官房と連携し、調印式や大会前後の交流に係る翻訳・通訳などを担当。常に英語を使った仕事に従事して感覚を磨いている。TOEIC満点（990点）取得。

■ **YouTubeチャンネル『KAORING-LISH』**
https://www.youtube.com/c/KAORINGLISH/

■ **Facebook**
https://www.facebook.com/kaoringlish

■アメブロ
https://ameblo.jp/kaoring-lish/

English Conversational Ability Test
国際英語会話能力検定

● E-CATとは…
英語が話せるようになるための
テストです。インターネット
ベースで、30分であなたの発
話力をチェックします。

www.ecatexam.com

● iTEP®とは…
世界各国の企業、政府機関、アメリカの大学
300校以上が、英語能力判定テストとして採用。
オンラインによる90分のテストで文法、リー
ディング、リスニング、ライティング、スピー
キングの5技能をスコア化。iTEP®は、留学、就
職、海外赴任などに必要な、世界に通用する英
語力を総合的に評価する画期的なテストです。

www.itepexamjapan.com

ファイブアイズ English
「文化」と「習慣」を学べば英語は身につく!

2021年8月12日　第1刷発行

著　者　塩貝香織

発行者　浦　晋亮

発行所　IBCパブリッシング株式会社
　　　　〒162-0804 東京都新宿区中里町29番3号 菱秀神楽坂ビル9F
　　　　Tel. 03-3513-4511　Fax. 03-3513-4512
　　　　www.ibcpub.co.jp

印刷所　株式会社シナノパブリッシングプレス

ISBN978-4-7946-0669-3